김명호 | 중국인 이야기 ❹

김명호 | 중국인 이야기 ❹

한길사

중국인 이야기 ❹

지은이 김명호
펴낸이 김언호

펴낸곳 (주)도서출판 한길사
등록 1976년 12월 24일 제74호
주소 10881 경기도 파주시 광인사길 37
홈페이지 www.hangilsa.co.kr
전자우편 hangilsa@hangilsa.co.kr
전화 031-955-2000~3 **팩스** 031-955-2005

부사장 박관순 **총괄이사** 김서영 **관리이사** 곽명호
영업이사 이경호 **경영이사** 김관영 **편집주간** 백은숙
편집 박희진 노유연 최현경 이한민 김영길
마케팅 정아린 **관리** 이주환 문주상 이희문 원선아 이진아
디자인 창포 031-955-2097 **CTP출력 및 인쇄제책** 예림

제1판 제1쇄 2015년 5월 18일
제1판 제6쇄 2022년 12월 20일

값 17,000원
ISBN 978-89-356-6937-0 04900
ISBN 978-89-356-6212-8 (세트)

• 잘못 만들어진 책은 구입하신 서점에서 바꿔드립니다.
• 이 도서의 국립중앙도서관 출판시도서목록(CIP)은 서지정보유통지원시스템 홈페이지(seoji.nl.go.kr)와
  국가자료공동목록시스템(www.nl.go.kr/kolisnet)에서 이용하실 수 있습니다.
  (CIP제어번호: CIP2015012069)

"문무를 겸비한 인재를 양성해라.
혁명은 불×로만 되는 게 아니다.
활활 타오르려면 바람×이 필요하다.
신문을 발간하고, 제대로 된 학교를 만들어라.
그걸 할 사람은 중국 천지에 너밖에 없다.
린뱌오가 한 명인 것이 애석하다."

■ 마오쩌둥이 린뱌오를 항일군정대학 교장으로 임명하면서

중국인 이야기 ❹

일러두기

중국어 인명 · 지명 등 고유명사는 외래어표기법 '주음부호와 한글대조표', 중국어 사전의 '병음·주음 자모대조표'에 근거해 표기했다. 20세기 이전 생물의 인명, 잡지와 신문명, 좀더 친숙하거나 뜻을 잘 드러내는 일부 용어는 우리말 한자 독음으로 읽었다. 어말의 산(山)·강(江)·도(島)·사(寺) 등의 한자어는 굳이 중국식 병음을 따르지 않았다.

예) 쩡궈판 → 증국번, 런민르바오 → 인민일보, 둥베이 → 동북, 이허위안 → 이화원, 화둥 → 화동, 톈안먼 → 천안문, 쯔진청 → 자금성, 타이허뎬 → 태화전, 여산 → 루산, 쑹화강 → 송화강, 진먼다오 → 금문도, 지밍사 → 계명사

풀리지 않은 삼각관계 1

"쑹메이링은 장제량이 남편을 인질로 삼고 있다는
소식을 듣고 당황했지만 그래도 뭔가
믿는 구석이 있었다. 시안 공항에 내렸을 때
함박웃음 짓는 사진이 남아 있다. 사지에 빠져 있는
남편을 걱정하는 여자의 모습이 아니다.
마중 나온 장제량을 바라보는 모습이
그렇게 정다울 수가 없었다.
반가워하기는 장제량도 마찬가지였다.
그들은 한때 연인 사이였다."

동북왕 장쭤린

> "삶을 탐하고 죽기를 두려워하지 않으면 된다.
> 앞으로 천하의 주인은 너희들이다."

장쭤린, 말馬 고치는 법 배워 팔자 고치다

북양정부(1912~28)의 마지막 국가원수 장쭤린(張作霖)은 어렸을 때부터 목수, 찐빵 장수, 어부, 사창가 심부름꾼 등 안 해본 일이 없었다. 워낙 가난한 집안 출신이라 어쩔 수 없었다. 푼돈이 생기면 사숙(私塾)과 도박장을 번갈아 출입했다. 마적 두목 아들의 가정교사였던 사숙 선생은 툭하면 학생들을 두들겨 팼다. 소년 장쭤린은 사숙에 갈 때마다 작은 쇠몽둥이를 들고 갔다. 하루는 사숙 선생이 장쭤린을 불러 다그쳤다.

"흉기를 소지한 이유가 뭐냐?"

장쭤린은 주저하지 않았다.

"만약 나를 때리면, 이 몽둥이로 선생님의 머리통을 날려버리려고 했습니다."

이날 이후, 사숙 선생은 이 황당한 제자를 총애했다. 학비도 받지 않았다.

"글공부와 도박장은 상극이다. 두 가지를 동시에 열중하는 것 보니 싹수가 있고, 인물도 멀끔하다. 높은 자리에 오르게 되면, 내 자식들을 잘 부탁한다. 나도 네 일이라면 견마지로(犬馬之勞)를 다하겠다."

사숙 선생은 장쭤린에게 말(馬) 치료법을 익히라고 권했다.

"만주인들은 워낙 건장해서 웬만한 병에는 끄떡도 안 한다. 만주는 땅덩어리가 워낙 넓다. 말이 없으면 꼼짝달싹 못한다. 말이 탈이라도 날까봐 항상 노심초사한다."

장쭤린은 선생의 권유에 흥미를 느꼈다. 몇 달 배워보니 별것도 아니었다. 토비(土匪)와 기병들 상대로 돈을 모았다. 지금의 선양(瀋陽) 주둔군 사령관에 해당하는 성징(盛京) 장군의 애마(愛馬)가 죽을 병에 걸렸다는 소문이 나돌았다. 장쭤린은 장백산 산삼 한 뿌리를 들고 장군을 찾아갔다.

"제가 애마의 병을 고칠 수 있습니다."

며칠간 산삼을 달여 먹이자 장군의 애마는 벌떡 일어났다. 장군의 하사금을 장쭤린은 사양했다. 대신 보험대(保險隊)를 만들게 허락해 달라고 간청했다. 당시 만주에는 비적(匪賊)들이 많았다. 주민들을 비적들로부터 보호해주고 돈을 징수하는 무장조직이 보험대였다. 성징 장군의 비호 아래, 장쭤린의 보험대는 하루가 다르게 대원이 늘어났다. 후임 장군 쩡치(增祺)도 장쭤린을 신임했다. 특히 다섯째 부인 선(沈)씨는 친정 동생보다 그를 더 아꼈다. 그럴 만한 이유가 있었다. 선씨는 타고난 미인이었다. 어느 봄날, 혼자 꽃구경 나갔다가 비적들에게 봉변당할 뻔한 것을 장쭤린이 구해준 인연이 있었다. "비적이 너 같았으면 얼마나 좋았겠느냐"며 온갖 것을 다 챙겨줬다. 무덤 뒤에서 외간 남자를 몰래 만나다가 장쭤린에게 들킨 적도 있었다. 고자질하면 어쩌나 안절부절못했지만 장쭤린은 입이 무거웠다. 선

비적이나 다름없는 보험대에서 출발해
관둥지역 최고의 가문을 일군
난세의 효웅(梟雄) 장쭤린의 젊은 시절 모습.

씨는 남편만 오면 초저녁부터 새벽까지 졸라댔다.

"장쭤린이 아니었다면 비적들에게 무슨 험한 꼴을 당했을지 모른다. 조정에 상주해서 관직을 주도록 해라."

만주 귀족 출신인 쩡치는 귀찮아서 견딜 수가 없었다. 선씨의 부탁을 들어줬다.

부인과 자녀 교육에 성공한 지도자

정규군에 편입된 장쭤린의 보험대는 규율이 엄했다. 순식간에 20여 개 마을을 관할했다. 1901년 러시아군의 습격으로 후퇴하던 중 마차에서 장쭤린의 장남 장쉐량(張學良)이 태어났다. 3년 후, 러·일 전쟁이 발발했다. 장쭤린은 처음에는 러시아 편을 들다가 나중에는 일본 편을 들었다. 그 덕에 역량을 보존할 수 있었다.

1911년 10월, 남방에서 혁명이 발발하자 중국의 동북, 만주에도 혁명 바람이 불었다. 장쭤린은 기회를 놓치지 않았다. 군대를 몰고 가 펑톈(奉天, 지금의 랴오닝遼寧 성의 일부) 성의 혁명군을 진압하는 데 공을 세웠다. 대총통에 취임한 위안스카이(袁世凱)는 장쭤린을 같은 편으로 끌어들이기 위해 안간힘을 썼다. 연병대신(練兵大臣)과 중장 계급장을 하사했다. 황제를 칭한 후에는 자작 칭호와 함께 만주의 전권을 위임했다. 동북의 왕이나 다름없었다. 장쭤린은 위안스카이의 북양정부와 원만한 관계를 유지했다. 남방의 혁명세력을 대표하는 쑨원(孫文)에게도 거금을 보내 친근감을 표시했다. 일본과 러시아도 두려워하지 않았다. 틈만 나면 부하들 앞에서 일본을 매도했다.

"일본인들의 요구를 들어주는 척만 해라. 실제로 들어줬다간 동북의 부로(父老)들에게 매국적(賣國賊) 소리를 면치 못한다."

장쭤린은 머리 회전이 빠르고, 의지가 강했다. 사람 보는 눈도 뛰어나서 적재적소에 인재를 기용했다. 매력도 당대에 따를 자가 드물었다. 특히 집안을 잘 다스렸다. 6명의 부인과 한집에 살며 엄격한 규칙을 요구했다. 부인들 방 앞에 '준수사항 10가지'를 동판에 새겨서 붙여놨다. 내용도 구체적이다.

1. 부인들이 정치에 간여하는 것을 엄금한다. 베갯머리에서 아무리 떠들어도 듣지 않겠다.

2. 여자들끼리 어울려 잡담하는 것을 엄금한다. 모든 사단은 거기서 비롯된다.

3. 부인들은 서열이 없다. 호칭은 모두 부인으로 통일한다.

4. 사사롭게 생일 쇠는 것을 엄금한다.

5. 하인 학대를 엄금한다.

6. 엄격한 봉급제도를 실시한다. 부인들은 매월 정해진 날짜와 시간에 수령해가라.

7. 음식과 반찬은 자녀들 숫자에 비례해 등급제를 실시한다. 부인들은 각자 방에서 자녀들과 함께 끼니를 해결해라.

8. 일할 때와 휴식 시간을 엄격히 지켜라. 외출 활동은 일률적으로 밤 10시를 초과할 수 없다.

9. 자녀 교육이 가장 중요하다. 훌륭한 선생들을 초빙해 자녀 계몽에 힘써라.

10. 자녀들은 혼인의 자유가 없다. 이 권리는 장쒀린 혼자만이 행사할 수 있다. 이 점을 자녀들에게 매일 각인시켜라.

부인들의 인척과 자녀들에게는 더 가혹했다.

"내 자식이라도 거들먹대면 두들겨 패라"

중국인들의 장쒀린에 대한 애정은 남다르다. "뭐든지 솔직하고 매력이 넘쳤다. 부인과 자녀, 부하들 교육에 가장 성공한 지도자였다"는 기록이 많다.

1918년, 동북 3성을 장악한 장쒀린은 정규군 양성을 서둘렀다. 사병들은 긁어모으기 쉬웠지만 장교가 부족했다. 신해혁명으로 폐교된 '동3성 강무당(講武堂)' 자리에 '동북강무당' 간판을 내걸고 생도들을 모집했다.

"완벽한 시설을 마련하고, 교관들도 최일류 중에서 엄선해라. 독일과 미국에도 사람을 보내서 교관들을 모셔와라."

전국에서 지원자들이 몰려들었다. 바오딩(保定)군관학교 입시를 앞둔 장쒜량도 동북강무당 포병과에 지원했다. 소식을 들은 장쒀린은 반대했다.

"딴 데로 가라. 입학 며칠 만에 힘들어서 못하겠다고 하면 내 체면이 깎인다."

장쒜량이 고집을 부리자 "훈련 받다 죽을지도 모른다"며 허락했다.

1기 졸업식이 다가오자 주위에서 장쒀린에게 축사를 권했다. 공개된 자리에서 연설을 해본 적이 없는 장쒀린은 한마디로 거절했지만

중국의 통치권을 행사하던 육해공군 대원수 시절,
두 아들과 함께한 장쭤린.
1926년 가을, 베이징 중난하이.

주위에서 간곡하게 권했다.

"미래의 골간(骨干)들이라며 직접 길러내신 졸업생들입니다. 자식이나 친조카들과 다를 바 없습니다. 직접 축하를 해주시는 게 도리입니다."

장쮜린은 더 이상 거절할 명분이 없었다.

"그건 나도 알지만 연설을 해본 적이 없다. 축사건 뭐건 원고가 있어야 할 게 아니냐. 전쟁판에서만 굴러먹다 보니 머리에 든 게 없어서 만들 재간이 없다."

부하들이 만들어온 연설문은 품위 있었다. 장쮜린도 내용이 좋다며 싱글벙글했다. 몇 날 며칠을 방안에 틀어박혀 연설문을 깡그리 외워버렸다. 표정과 손놀림 연습도 철저히 했다. 자신이 생겼다.

졸업식 날 장쮜린은 위풍당당하게 연단에 올랐다. 졸업생들을 보자 갑자기 눈앞이 아득했다.

"나 장쮜린은 말 위에서 반생을 보냈고 전쟁터를 집으로 여겼다."

이게 전부였다. 다음부터는 생각이 안 났다. 같은 말만 계속 반복했다. 졸업생과 내빈들은 어안이 벙벙했다. 장내에는 침묵만 흘렀다. 진땀을 흘리던 장쮜린이 갑자기 목청을 높였다.

"에이, 빌어먹을, 사실은 부하들이 멋있는 원고를 만들어줬다. 그런데 막상 와보니 무슨 놈의 분위기가 이렇게 엄숙한지 갑자기 다 까먹어버렸다."

그러곤 연단을 내려왔다. 식장을 한 바퀴 돌며 어려 보이는 생도들의 머리를 쓰다듬었다. "나이는 몇이냐. 고향은 어디냐"에서 시작해 "참 잘생겼구나, 큰누님이 면회 오면 내게도 알려라"라는 등 온갖 싱거운 소리를 다했다. 장내에 서서히 긴장이 풀리자 다시 연단으로 올라갔다.

"너희들을 보니 정말 기분이 좋다. 하고 싶은 말이 워낙 많다 보니 생각이 잘 안 난다. 천하의 대세가 어떻고, 중국의 미래가 어떻고, 이런 것들은 알 필요도 없다. 삶을 탐하고 죽기를 두려워하지 않으면 된다. 앞으로 천하의 주인은 너희들이다. 공을 세우면 상을 주겠다. 내 일가친척 중에는 별난 놈들이 다 있다. 나를 믿고 거들먹거리면 두들겨 패라. 그런 것들은 맞아 죽어도 상관없다. 보고할 필요도 없다. 내 자식들도 마찬가지다. 앞으로 필요한 게 있으면 내게 말해라. 뭐든지 다 주겠다."

그리고 자리를 떴다. 박수가 요란했다.
제자리로 돌아가던 장쭤린이 다시 연단으로 올라왔다.
"조금 전에 뭐든지 다 주겠다고 했는데, 내가 말을 잘못했다. 나랑 사는 여자들은 줄 수 없다. 달라고 하지 마라."
장내에 폭소가 터졌다.
동북강무당은 동북군의 요람으로 윈난(雲南)강무당, 바오딩군관학교, 황푸(黃埔)군관학교와 함께 중국의 4대 군관학교 중 하나였다. 개교도 쑨원이 광저우(廣州)에 설립한 황푸군관학교보다 6년 빨랐다. 훗날 신중국의 장군을 13명 배출했다.
장쭤린에게는 6명의 부인이 있었다. 다들 장쭤린에게 순종했다. 셋째 부인 다이셴위(戴憲玉)만은 예외였다. 장쭤린은 31세 때 다이

안국군 대원수 시절의 장쭤린.

셴위를 처음 만났다. 마을 파출소장 아들과 어릴 때부터 약혼한 사이라는 것을 알면서도 온갖 방법을 동원해 집으로 데리고 왔다. 다이셴위는 옛사람을 잊지 못했다. 분통이 터진 장쭤린은 파출소장 아들을 죽여버리려고 작심했다. 눈치를 챈 파출소장 아들이 도망가자 다이셴위는 방문을 걸어 잠그고 장쭤린이 와도 열어주지 않았다. 친정 동생도 속을 썩였다. 술에 취해 거리의 가로등을 모두 깨버리는 바람에 장쭤린에게 총살당했다. 천하의 장쭤린도 다이셴위만은 어쩌지 못했다. 맨몸으로 집을 나온 다이셴위는 불문에 귀의했다. 장쭤린은 비구니가 된 다이셴위를 위해 절을 한 채 지으려 했지만 거절당했다. 1916년, 시름시름 앓던 다이셴위가 세상을 떠나자 장쭤린은 직접 염(殮)을 하겠다며 절을 찾아갔다. 다이셴위의 유언이라며 그것도 거절당했다. 다른 부인과 자녀들도 많은 일화를 남겼다.

'국방자금'을 도박으로 날린 부하에게 판돈 더 준 장쭤린

장쭤린은 아는 사람들에게 후했다. 의원들을 매수해 총통 자리에 오른 차오쿤(曹錕)이 열차 한 량에 수박을 가득 실어 보냈다. 선물을 받은 장쭤린은 혀를 찼다.

"체격이 장대한 사람일수록 쩨쩨하고 인색한 법이다. 대범한 척하지만 겁도 많다. 끝까지 성공하는 사람을 본 적이 없다. 남의 공을 탐내다 망신만 당하고 말로가 비참하다. 총통이라는 사람이 수박이 뭐냐. 우리 애들이 고생하게 생겼다."

그러곤 열차에 아편을 가득 실어 답례했다. 두 사람은 사돈지간이었다. 장쭤린은 친화력도 뛰어났다. 수양아버지와 수양어머니가

40명도 넘었다. 시골 농부, 시장 아낙네에서부터 고관대작과 명문집안의 노부인에 이르기까지 성분도 다양했다. 동3성 총독과 위안스카이가 자신을 감시하기 위해 보낸 돤즈구이(段之貴)의 부친도 수양아버지였다. 장쭤린은 한 번 맺은 인연을 함부로 하지 않았다. 한 해도 빠짐없이 이들의 생일과 명절을 챙겼다. 한 번 기용한 사람은 끝까지 의심하지 않았다.

"신임하던 사람을 내치면 남들이 내 안목을 비웃는다. 아무리 측근이라도 잘못을 범하면 과감히 버린다며 단호함을 과시하는 사람이 많다. 체면이 얼마나 손상되는지를 모르는 바보들이다. 이런 조무래기들 떠받들다간 신세 망친다."

1918년, 독일이 제1차 세계대전에서 패했다. 독일 군수산업의 명문 크르푸가(家)의 병기창은 기계를 해외시장에 내놓았다. 판매를 위탁받은 네덜란드 무기상이 상하이의 신문에 광고를 냈다. 신문을 본 장쭤린은 공병청장 한린춘(韓麟春)을 상하이에 파견했다. 상하이에 온 한린춘은 넋을 잃었다. 한 집 건너 도박장이었다. 살벌한 인간 세상에 이런 별천지가 없었다. 기계 구입 자금을 탕진한 한린춘은 장쭤린에게 편지를 보내 이실직고했다.

"도박장에서 자금을 날렸습니다. 이제야 비로소 도박에 도가 통한 듯합니다. 득도한 선인들의 기분이 어땠을지 짐작이 갑니다. 여한이 없습니다. 황푸강에 투신하겠습니다."

편지를 읽은 장쭤린은 한바탕 욕을 늘어놓더니 "내 부하 중에 득도한 놈이 생겼다"며 포복절도했다. 황급히 군수처장을 불렀다.

"내가 사람을 제대로 보냈다. 빨리 100만 원을 들고 상하이에 가서 한린춘을 만나라. 반은 도박에 쓰고 나머지 반으로 기계를 구입하라고 해라. 강물에 뛰어들지 말라고 단단히 일러라. 감기라도 걸리면 도박장에서 판단이 흐려진다. 한린춘이 도박에 열중하는 동안 너는 옆에 앉아서 심부름만 해라."

다시 도박장에 간 한린춘은 본전의 네 배를 따자 손을 털었다. 딴 돈을 한 푼도 남기지 않고 기계 구입에 사용했다. 한린춘이 선양에 도착하는 날, 장줴린은 직접 역에 나가 "너 같은 부하를 둔 게 영광"이라며 연신 엉덩이를 두드려줬다. 어처구니없는 얘기 같지만 '중국의 크르푸'라 불리던 선양병공창(瀋陽兵工廠)은 이렇게 탄생했다.

"교육은 지도자의 의무"

장줴린은 어릴 때부터 새를 좋아했다. 동북의 지배자가 되자 항공사업에 관심이 많았다. 항공사를 설립했지만 운영이 신통치 않았다. 하루는 말단 직원이 보낸 편지를 받았다. 경영에 관한 건의서였다. 편지를 읽은 장줴린이 말단 직원을 총경리(總經理)에 기용하자 주변에서 재고를 요청했다.

"어느 구석에 있는지 보이지도 않던 최말단입니다. 경영이 뭔지 알 리 없습니다. 경험도 없는 사람에게 중임을 맡기기에는 불안합니다."

장줴린은 일축했다.

"나는 사람 기용에 실패한 적이 없다. 더 이상 거론하지 마라. 경영은 배운다고 되는 게 아니다. 타고나야 한다. 매달 돈이나 받으며 익힌 경험은 아무짝에도 쓸모가 없다."

말단 출신 총경리는 타고난 경영의 귀재였다. 1년이 지나자 이익

금 10만 원을 들고 왔다. 장쭤린은 기분이 좋았다.

"역시 내 눈이 틀리지 않았다. 이 돈은 상으로 주마. 뭘 해도 좋으니 네 멋대로 써라."

몇 년 후 청년 총경리는 장쉐량이 중국 최초의 기독교청년회(YMCA) 건물을 지을 때 이 돈을 내놨다. 장쭤린은 동북 자녀들의 교육에 관심이 많았다. "교육은 지도자의 의무"라며 각 현(縣)에 세출의 40퍼센트를 교육비로 지출하라고 지시했다. 동북(東北)대학을 건립할 때 "병력 5만을 감축하더라도 대학을 만들겠다"며 대학 건립 반대 의견을 묵살했다. 장쭤린 집정 기간에 동북의 사범학교 학생들은 파격적인 대우를 받았다. 학비와 기숙사비가 면제였고 식당 반찬도 전국에서 제일 좋았다. 장쭤린의 생일이 돌아오면 일주일간 특식을 제공받았다. 교사 선정에도 신중했다.

"제대로 알지도 못하면서 교단에 서서 아는 척하는 사람들이 많다. 강도보다 더 나쁜 놈들이다. 우수한 선생들을 모셔와라."

인연을 중요시 여긴 장쭤린도 비서실장을 내쫓은 적이 있었다.

"8년간 내 옆에 있으면서 반대 의견을 낸 적이 없다. 항상 네, 네 하면서 시키는 대로만 했다. 쓰레기 같은 놈이다."

이유가 장쭤린다웠다.

중국의 운명을 바꾼 시안사변

"한평생 유감은 없다. 한 여인이 있었기 때문이다."

중국 최대의 인질사건 시안사변

지난 일들은 미궁투성이다. 만인이 주시하는 가운데 벌어진 일도 며칠만 지나면 뭐가 뭔지 모를 일들이 태반이다. 그래서 기록이 중요하다.

2010년 여름, 랴오닝 성 선양에서 장쉐량 탄생 110주년을 기념하는 국제학술회의가 열렸다. '시안사변(西安事變)의 배경'이나 '장쉐량과 중공의 관계' 등 진부한 소재는 주목을 끌지 못했다. 장쉐량의 여인들과 쑹메이링(宋美齡)과의 관계에 관심이 집중됐다.

1936년 12월 12일 밤, 1,200년 전 양귀비(楊貴妃)가 온천을 즐기던 시안(西安) 교외 화칭츠(華淸池)에 총성이 울렸다. 정변을 일으킨 중국의 2인자 장쉐량은 최고 통치권자 장제스(蔣介石)를 인질로 삼았다. 5년 전 동북을 점령한 일본과의 전쟁을 촉구하며 2차 국·공합작을 요구했다. 승낙을 받아낸 장쉐량은 장제스를 풀어주고 제 발로 군사법정에 섰다. 반세기 이상을 죄수나 다름없는 연금생활을 했다.

시안사변은 중국 역사상 최대의 인질사건이었다. 중국의 운명과 세계 질서에 엄청난 영향을 초래했다고 주장하는 학자들이 많다.

1936년 1월, 9개월 후 시안사변을 함께 주도하게 되는
서북군벌 양후청(楊虎城, 오른쪽 첫째)과 함께
산시(陝西) 성 최북단 위린(楡林)을 시찰 나온 장쉐량(왼쪽 셋째).
왼쪽 둘째는 위린지구 사령관 징웨슈(井岳秀).
신해혁명의 원로로 사격의 명수였다.

"이 사건이 없었더라면 중공의 소멸은 시간문제였다. 항일전쟁도 지연되고, 제2차 세계대전 역시 다른 양상을 띠었을 것이 분명하다. 당시 독일은 중국의 우방국이었다. 독일의 도움이 없었더라면 75밀리 대포와 저격용 조준경, 생화학 무기의 생산은 불가능했다. 시안사변으로 항일전쟁이 앞당겨지는 바람에 양국의 합작에 금이 갔다. 1940년 일본·이탈리아와 손을 잡은 독일이 왕징웨이(汪精衛)의 괴뢰정부를 승인하자 장제스의 국민정부는 외교관계를 단절했다. 일본의 진주만 공격 후 연합국에 가입한 중국은 독일에 선전포고했다. 위대한 중화 민족과 게르만 민족이 친구에서 적으로 변한 것이 유감이다. 시안사변이 발생하지 않았다면 세계지도가 어떻게 변했을지 모른다."

장제스 부인 쑹메이링, 남편 감금한 장쉐량과 연인 사이

시안사변은 장막 속에서 벌어진 한 편의 유희였다. 서북(西北) 군벌 양후청과 재벌 쑹쯔원(宋子文), 중공의 저우언라이(周恩來)와 예젠잉(葉劍英)을 비롯해 국·공 양당의 특무대장 다이리(戴笠)와 리커눙(李克農, 훗날 6·25전쟁 휴전 회담과 제네바 회담을 막후에서 지휘한 중공의 정보총책) 등 기라성 같은 인물들이 명연기를 펼쳤지만 조연에 불과했다. 주역이 장쉐량과 장제스·쑹메이링 부부이다 보니, 수십 년간 온갖 풍문이 나돌았다.

"장쉐량은 장제스를 풀어준 게 아니다. 쑹메이링을 안전하게 돌려보내주다 보니 장제스는 저절로 풀려났다."

"쑹메이링은 장쉐량이 남편을 인질로 삼고 있다는 소식을 듣고 당황했지만 그래도 뭔가 믿는 구석이 있었다. 시안 공항에 내렸을 때 함박웃음을 짓는 사진이 남아 있다. 사지에 빠져 있는 남편을 걱정하는 여자의 모습이 아니다. 마중 나온 장쉐량을 바라보는 모습이 그렇게 정다울 수가 없었다. 반가워하기는 장쉐량도 마찬가지였다. 그들은 한때 연인 사이였다."

1992년 1월, 54년 만에 자유를 획득한 장쉐량은 일본 여류 작가의 방문을 받았다. 청년 시절 얘기를 하던 중 의외의 말들을 쏟아냈다.

"나의 여성 편력을 궁금해하는 사람들이 많다. 열네 살 때 친척 여자애가 나를 유혹했다. 어찌나 재미있던지 무릉도원에서 노는 것 같았다."

스쳐 지나간 여인들 얘기도 빼놓지 않았다.

"별난 여인들도 많았지만, 그들 덕에 여자가 못되게 굴기 시작하면 남자보다 더 고약해질 수 있다는 것을 알았다."

나이가 들면서 장쉐량이 만난 여인들은 총명하고 좋은 교육을 받은 미인들이었다. 한결같이 상대방을 배려하고 장쉐량의 인생에 좋은 영향을 미쳤다. 그는 여자 때문에 망신당한 적이 없고, 오히려 여인들의 애정과 지혜로 생존을 유지할 수 있었다. 그러기까지는 민국(民國) 4공자 중 으뜸이었던 장쉐량의 인격이나 재능, 용모와 지위도 한몫했다.

장쉐량은 화교 학자에게도 십여 명의 여인에 관한 구술을 남겼다.

"한평생 유감은 없다. 한 여인이 있었기 때문이다. 내가 여자를 따라다닌 적은 거의 없지만 한두 명만은 예외였다."

누구라고 이름은 밝히지 않았다.

홍콩학자 한 사람이 쑹메이링과의 관계를 대놓고 물었다. 장쉐량은 "쑹메이링은 나의 지기(知己)였다. 청년 시절 정기적으로 만났던 여인이 열두 명 정도 있었다"며 말을 돌렸다. 가장 좋아했던 여인이 누구냐며 부인의 이름을 거론하자 머리를 흔들었다.

"그 사람은 내게 가장 잘해준 사람이지 내가 좋아했던 사람은 아니다. 가장 좋아했던 여인은 지금 뉴욕에 있다."

중국계 언론이 발칵 뒤집혔다. 당시 전 중국은행 총재 베이쭈이(貝祖眙)의 부인 장스윈(蔣士雲)과 장제스의 부인 쑹메이링이 뉴욕에서 말년을 보내고 있었다. 그중 한 사람이 분명했다. 2001년 가을, 장쉐량이 101세로 세상을 떠났다. 일기와 서신이 공개되면서 의문이 풀리기 시작했다.

바람둥이 장쉐량, 첫 만남서 쑹메이링에게 푹 빠져

인간은 별것도 아닌 인연을 필연으로 만들 줄 아는 동물이다. 근 한 세기에 걸친 장쉐량과 쑹메이링의 인연도 시작은 우연이었다.

1925년 4월 중순, 칭다오(靑島)의 일본인 소유 방직공장 노동자들이 파업을 선언했다. 1만 명에 가까운 노동자들이 연일 거리를 메웠다. 시위는 순식간에 상하이로 번졌다. 노동운동 지도자가 피살되고 부상자가 속출했다.

5월 30일, 상하이에서 유혈사태가 발생했다. 학생과 시민이 거리로 쏟아져 나왔다. 공동 조계의 영국인 순포(경찰)가 시위자들에게 총구를 겨눴다. 11명이 목숨을 잃었다. 전국학생총회가 전국에 지원을 호소했다. 베이징, 광저우, 우한(武漢) 등 대도시의 노동자와 학생

장쉐량이 아니었다면 장제스의 중국 통일은 불가능했다.
밀월 시기의 장쉐량(오른쪽)과 장제스.
1932년 가을, 난징.

1934년 여름, 신생활운동을 지도하기 위해
난징의 진릉(金陵)여자대학을 방문한
쑹메이링(앞줄 가운데).

이 공장과 교실을 뛰쳐나왔다.

이런 와중에도 군벌 간의 전쟁은 그치지 않았다. 장쑤(江蘇)와 안후이(安徽)까지 세력을 넓힌 동북군벌 장쭤린은 톈진(天津)에 주둔하던 장남 장쉐량을 불러들였다.

"지금 중국은 외국 자본가들의 낙원이다. 코 큰 것들이나 원숭이 같은 것들에게 농락당하지 않으려면 민심부터 얻어야 한다. 민심이 떠나면, 평소 가까웠던 외국 지도자들도 우리에게 등을 돌린다. 때를 놓치지 마라."

5월 31일, 장쉐량은 상하이의 전국학생총회 앞으로 위로 전문을 보냈다.

"노동자들을 지원하던 학생들이 영국 경찰의 발포로 목숨을 잃었다는 소식을 접했다. 하늘의 뜻(天道)이라는 게 과연 있기나 한 건지, 슬픔을 가눌 방법이 없다. 국력이 약한 나라에서는 이런 일이 벌어져도 좋단 말인가! 내가 할 일이라곤 아무것도 없다. 그간 모아둔 봉급 2,000원을 보낸다. 부상자들을 위로하고 한기(寒氣)를 면하는 데 써주기 바란다."

이런 소문일수록 빨리 퍼지기 마련이다. 쑹메이링도 상하이 기독교청년회에 갔다가 장쉐량이 보냈다는 전문을 읽었다. 그날 밤 언니 칭링(慶齡)에게 편지를 보냈다.

"형부 쑨원과 장쭤린은 본질이 다른 사람이다. 장쭤린은 대군벌이지만 아들 장쉐량은 애국자다."

쑹메이링 28세, 장쉐량 25세 때였다.

6월 14일 오전, 장쉐량이 지휘하는 동북군 3,000명을 태운 열차가

쑹메이링을 만나기 1년 전,
프랑스에서 구매한 수상비행기 성능을 시험하기 위해
베이다이허(北戴河)에 도착한 장쉐량.
1924년 여름.

상하이에 도착했다. 역 광장에서 환영대회가 열렸다. 단상에 나타난 장쒀량은 당당했다.

"나는 군인이다. 외교에 관해서는 아는 게 없다. 쌍방의 충돌을 조정하고 질서를 유지하기 위해 이 도시에 왔다. 그것이 군인의 천직이다. 내가 인솔하고 온 군대는 군인이 지방의 안전을 위해 공헌한 선례를 남길 것이다. 군기를 위반한 자가 발견되면 신고하기 바란다. 군법에 의해 엄히 처단하겠다."

박수갈채가 터졌다. 장쒀량은 단상 밑 제일 앞자리에 앉아 박수를 쳐대는 젊은 여인에게 눈길이 갔다. 빨간 치파오를 걸친, 눈이 똥그란 여인이었다. 천하의 바람둥이 장쒀량은 한눈에 알아봤다.

"누구 부인인지 몰라도 나를 좋아하는 게 분명하다. 처음 보는 여인이지만 낯설지 않았다."

그날 밤, 상하이 주재 미국 총영사관에서 장쒀량을 환영하는 칵테일파티가 열렸다. 육군 중장 복장의 장쒀량이 등장하자 영국 기자가 물었다.

"영국군 2만 명이 상하이 인근에 와 있다. 장군이 인솔한 병력은 3,000명에 불과하다. 그것도 거의가 동북강무당 학생들이라고 들었다. 영국군과 무력충돌이 발생했을 경우 감당할 자신이 있는지 궁금하다."

장쒀량은 여유만만 했다. 영어도 유창했다.

"조정과 질서유지가 목적이다 보니 생도들을 데리고 왔다. 베이징에서 상하이에 이르는 철도 연변에 동북군 20만 명이 포진해 있다. 충돌이 발생하면 상하이로 이동시키겠다. 영국 측은 자제해주기 바란다."

박수가 요란했다. 장쉐량이 답변을 마치자 참석자들이 다가와 청년 장군 앞에 허리를 숙이며 자신을 소개했다. 악수를 나누던 장쉐량은 오전에 본 여인이 먼발치에 앉아 있는 것을 보고 경악했다. 손에 깍지를 낀 채 장쉐량을 바라보며 웃고 있었다. 65년이 지나서도 장쉐량은 쑹메이링과의 첫 만남을 똑똑히 기억했다.

"기품이 넘쳤다. 웃는 모습이 어찌나 품위 있던지, 그간 보아온 만주 구냥(姑娘, 아가씨라는 뜻의 중국어)이나 북방의 여인들과는 수준이 달랐다. 전 외교부장 후한민(胡漢民)에게 물었더니 쑨원 선생의 처제라며 싱긋이 웃었다. 그제야 그녀가 낯설지 않았던 이유를 알았다. 톈진에 있을 때 쑨원과 함께 온 쑹칭링을 여러 번 만난적이 있었다. 쑹메이링은 언니와 옆모습이 비슷했다. 후한민과 함께 글라스에 포도주를 가득 채워 들고 쑹메이링이 있는 곳으로 갔다. 창밖에 빗소리가 요란했다."

이때 황푸군관학교 교장 장제스는 광둥(廣東)에서 지방군벌과 한차례 전쟁을 치르고 있었다.

장쉐량 사망 소식에 가슴 치며 흐느낀 쑹메이링

여자들은 묘한 속성이 있다. 말 한 마디 나눈 적 없어도, 남편이 싫어하는 사람은 무조건 싫어하기 마련이다. 상대가 남편을 사지에 몰아넣었던 사람이라면 말할 것도 없다. 인류가 생긴 이래, 트집 잡힐 거

쑹씨 세 자매.
맨 왼쪽부터 둘째 딸 쑹칭링(쑨원과 결혼),
첫째 딸 쑹아이링(쿵샹시와 결혼),
셋째 딸 쑹메이링(장제스와 결혼).

리가 없는 사람은 단 한 명도 없다. 장쉐량과 장제스·쑹메이링 부부는 중국 역사에서 있어도 그만이고, 없어도 그만인 사람이 아니었다. 장제스와 장쉐량은 한때 남북을 양분했고, 쑹메이링은 일인지하 만인지상(一人之下 萬人之上)이 아닌 일인지하 억인지상(一人之下 億人之上)이었다. 그래서 얘깃거리가 된다.

쑹메이링은 태평양전쟁 기간에 가장 맹렬히 활동한 여성 정치가였다. 말로만 신의를 외치며 뒤로는 딴짓하는 남자들보다 신의를 중요시 여겼다. 아버지가 국부 쑨원에게 했던 것처럼 남편 장제스에 의해 죄수로 전락한 장쉐량을 죽는 날까지 극진히 챙겼다. 감정도 숨기지 않았다.

2001년 가을, 장쉐량이 101세를 일기로 하와이에서 세상을 떠났다. 뉴욕에 있던 쑹메이링은 104세였다. 거동이 불편했을 뿐, 정신은 맑았다. 장쉐량 사망을 보도한 『뉴욕타임스』를 보고 소파에 기댄 채 통곡했다. 간호사가 구술을 남겼다.

"차마 옆에서 볼 수가 없었다. 건강이 염려됐지만 손쓸 방법이 없었다. 잠시 잠들었다가 깨어나면 또 가슴을 치며 흐느꼈다. 정신이 들자 타이완으로 전화를 걸었다. 총통부 고문 한 사람에게 나 대신 하와이에 다녀오라는 말을 남기고는 또 흐느꼈다. 그리고 2년 후 세상을 떠났다."

1990년 자유 찾은 장쉐량 "내가 살아 있는 건 쑹메이링 덕"

1936년 12월 12일, 시안사변을 일으킨 장쉐량은 53년간 연금생활을 했다. 외부와는 철저히 차단됐지만 서신 왕래는 자유로웠다. 국민당 요원과 군 지휘관, 동북군 원로, 친구 등 150여 명과 1,000여 통의 편지를 주고받았다.

미국 컬럼비아대학 '장쉐량 자료실'(毅荻書齋)에 장쉐량의 서신들이 원형 그대로 남아 있다. 쑹메이링이 장쉐량에게 보낸 편지를 보고 사람들은 경악한다. 연금지의 장쉐량에게 보낸 편지가 남편 장제스나 장징궈(蔣經國), 자손들에게 보낸 것을 합한 것보다 많다 보니 그럴 수밖에 없다.

호칭도 남편을 인질로 삼아 "국·공합작과 항일전쟁 수행, 국민당 개조"를 요구하던 시안사변 이전과 다를 게 없었다. 그녀를 졸졸 따라다니는 장제스에게 넌덜머리를 내던 노처녀 시절, 칵테일파티에서 처음 만났을 때처럼 '한칭'(漢卿)이라 불렀고, 장쉐량 원수(Marshal Chang Hsueh-liang)라는 존칭도 서슴지 않았다. 안부를 걱정하는 내용이 대부분이지만 가끔 잔소리도 했다.

"나는 너 같은 젠틀맨을 본 적이 없다. 성질이 너무 급한 게 탈이다. 제발 그 성격 좀 고쳐라. 내가 보낸 와이셔츠는 바지 안에 넣지 말고 빼서 입어라. 사탕을 선물로 받았다. 먹어보니 맛있기에 함께 보낸다. 한꺼번에 몰아서 먹거나 와작와작 씹어 먹지 마라. 먹고 난 후에는 꼭 이를 닦아라."

쑹메이링은 장쉐량의 고향 소식도 자주 전했다. 1947년 9월, 중국 신문에 장쉐량의 고향 소식이 실렸다. 쑹메이링은 장쉐량에게 기사를 스크랩해서 보냈다. 장쉐량도 답장을 보냈다.

"과일과 약품 잘 받았다. 내 원적이 하이청(海城)인 것을 아는 사람은 많지 않다. 할아버지와 조상들의 분묘가 그곳에 있다고 한 번 말했을 뿐인데 기억해줘서 고맙다. 읽고 또 읽었다. 나는 죄인의 몸이다. 잘 있으니 괘념치 마라."

1990년, 자유를 획득한 장쉐량에게 기자가 물었다.
"쑹메이링과는 도대체 어떤 사이였습니까?"
장쉐량은 주저하지 않았다.
"내가 지금까지 살아 있는 것은 순전히 쑹메이링의 보살핌 덕분이다. 나는 장제스의 성격을 누구보다 잘 안다. 그 사람은 나를 죽이려 했다. 나도 한동안은 잘 몰랐다. 존슨(Nelson Trusler Johnson, 1921~41년까지 주중 미국 대사 역임)의 글을 읽고서야 비로소 알았다."
쑹메이링은 항상 장쉐량에게 미안해했다. 남편 장제스와 장쉐량 문제로 다툴 때마다 장쉐량을 두둔했다.
"시안에서 있었던 일을 생각해봐라. 장쉐량은 우리에게 아무 요구도 하지 않았다. 돈도 바라지 않고, 자신의 정치적 기반도 요구하지 않았다. 오직 희생만을 요구했다. 장쉐량에게 손만 대봐라, 그날로 나는 중국을 떠나겠다."
쑹메이링이 그럴 때마다, 장제스는 얼굴이 벌개진 채 창밖만 내다봤다. 백 번 죽여도 시원치 않을 장쉐량을 끼고 돌아도 모른 체했다. 그럴 만한 이유가 있었다. 복잡한 얘기는 몇십 년 전으로 다시 거슬러 올라간다.

연금 시절 모처럼 주어진 외출을 즐기는 장쉐량(오른쪽).
1959년 10월 타이완 남부 가오슝(高雄) 교외.
장쉐량의 셔츠는 쑹메이링이 미국에서 사와 선물한 것이다.
바지 속으로 넣지 말라는 쑹메이링의 말에 따라
셔츠를 겉으로 빼 입고 있다.

"쑹메이링도 중국 제일의 귀공자 앞에서는 어쩔 수 없구나"

뭐든지 처음이 중요하다. 특히 남녀 사이에는 처음 몇 초가 모든 걸 결정하는 경우가 많다. 장쉐량과 쑹메이링도 예외가 아니다. 첫 만남부터가 심상치 않았다. 두 사람이 세상을 떠나자 옆에서 보기라도 한 것 같은 기록들이 쏟아져 나왔다. 내용도 거의 비슷하다.

1925년 6월 14일 밤, 상하이 주재 미국영사관 칵테일파티에서 보기 힘든 일이 벌어졌다. 장쉐량이 먼저 쑹메이링에게 다가갔다. "만나서 반갑다. 세 번 태어나도 이런 영광은 없을 거다. 상하이에 오기를 잘했다. 아버지가 시켜서 할 수 없이 왔지만, 헛걸음이 아니라는 것을 이제야 알겠다"며 술잔을 권했다. 쑹메이링은 선뜻 받아 마셨다. 곁눈질하던 사람들이 쑤군댔다.

"쑹메이링도 중국 제일의 귀공자 앞에서는 어쩔 수 없구나."

평소 쑹메이링은 파티장에서 술을 입에 댄 적이 없었다. 술을 권했다가 무안당한 사람이 한둘이 아니었다. 쑹메이링은 두 번째 잔도 단숨에 들이켰다. 장쉐량이 몸을 돌리자 살짝 웃으며 뒤를 따라갔다. 자리를 나란히 한 쑹메이링과 장쉐량은 무슨 할 말이 그렇게 많은지 시간 가는 줄 몰랐다.

장쉐량은 여자들 앞에서 잘난 척하지 않는 습관이 있었다. 본인은 잘 몰랐지만 엄청난 장점이었다. 이날도 쑹메이링에게 그간 여기저기 다니며 실수하고 망신당한 얘기만 늘어놨다. 쑹메이링은 연신 배꼽을 잡았다. 웃음이 그치지 않았다. 칵테일파티가 끝나자 3층에서 춤판이 벌어졌다. 장쉐량은 어릴 때부터 춤을 좋아했다. 볼룸 댄스에 능했다. 쑹메이링은 장쉐량의 손을 한 번도 거절하지 않았다. 다정하기가 오래 사귄 연인 같았다.

다음 날부터 장쉐량이 나타나는 곳에는 쑹메이링이 있었다. 기자 회견장이건 극장이건 빠지는 법이 없었다. 장쉐량은 성질이 급했다. 외국기자가 질문하면 말이 끝나기도 전에 답변부터 할 태세였다. 그에 반해 쑹메이링은 능수능란했다. 그럴 때마다 장쉐량을 툭 치며 귀에 대고 작게 속삭였다.

"끝까지 다 들어라. 영어는 절대 쓰지 마라. 내가 통역을 하면 중국어로 대답해라."

장쉐량은 시키는 대로 했다. 쑹메이링의 영어는 일품이었다. 극장이나 경극 공연장에 가서도 쑹메이링은 남의 눈치를 보지 않았다. 장쉐량에게 먹고 마실 것을 챙겨주느라 구경도 제대로 못했다. 국수도 한 그릇만 시켜서 나눠 먹었다. 장쉐량이 가끔 덜떨어진 소리를 해도 그냥 웃기만 하며 재미있어 했다.

"쑹메이링을 과부 만들 순 없다"며 장제스 살려준 장쉐량

2001년 봄, 죽음을 예감한 장쉐량은 쑹메이링과의 만남을 10년 전에 했던 것보다 더 구체적으로 털어놨다.

"76년 전, 상하이에 갔을 때 처음 만났다. 쑹메이링은 미혼이었다. 성품이 아름다운 여자였다. 8일간 내 옆을 떠나지 않았다. 내 생애에 가장 행복한 날이었다. 만일 내가 결혼한 몸이 아니었다면 절대로 놔주지 않았을 것이다. 3년 후 다시 만났을 때는 장제스의 부인이 돼 있었다. 울화통이 터졌지만, 그렇게 반가울 수가 없었다. 쑹메이링은 나를 3년 전과 똑같이 대했다."

장제스에 대한 비난도 원 없이 해댔다.

"그때 나는 장제스가 쑹메이링을 죽자 살자 따라다니리라고는 상상도 못했다. 쑹메이링에게 다섯 번 거절당했다는 말을 들었다. 조강지처와 이혼하고 일본까지 쫓아갔다니, 정말 흉악한 사람이다."

평가도 인색했다.

"국가 지도자라는 게 남들이 보기엔 대단한 것 같아도 별게 아니다. 인재를 알아보는 눈만 있으면 된다. 나는 처음엔 장제스를 존경했지만 날이 갈수록 꼴도 보기 싫었다. 장제스는 인재를 찾으려는 노력을 하지 않았다. 항상 노예를 구하느라 혈안이 돼 있었다."

노예에 대한 정의도 명쾌했다.

"노예는 말 잘 듣고, 윗사람을 기쁘게 해주는 묘한 재주가 있는 부류들이다. 앞에서는 네, 네 하고 뒤에 가서 딴소리하기 일쑤다. 장제스는 어디서 찾아내는지, 그런 사람을 잘도 구해왔다. 중앙위원회에 참석했다가 별난 꼴을 본 적이 있다. 장제스가 뭐라고 지시하자 다들 받아적기에 바빴다. 의견을 말하라고 했지만 아무도 입을 열지 않았다. 나는 결정된 것으로 이해했다. 회의가 끝나자 딴소리하는 놈들이 많았다. 뭐 이런 것들이 다 있나라는 생각이 들었다. 그다음부터 쑹메이링이 가라고 하지 않으면 회의가 있어도 참석하지 않았다. 장제스는 적과 동지를 구분 못 할 때도 많았다. 공산당에게 대륙을 빼앗기지 않았더라면, 측근에게 쫓겨났을 확률이 높다. 훌륭한 아들이 있어, 타이완에 나와서 정신 차리다 보니 죽

시안사변 발발 2개월 전인 1936년 10월 하순,
장제스(왼쪽 다섯째)와 함께 싱핑(興平) 현의
한무제(漢武帝) 능(陵)에 놀러나온 장쉐량(왼쪽 여섯째).

어서도 험한 꼴은 당하지 않았다. 1936년 시안에서 장제스를 죽여버리자는 사람이 더 많았다. 처음 며칠간은 스탈린이나 중공도 끼어들 틈이 없었다. 나는 쑹메이링을 과부로 만들 수는 없었다. 쑹메이링만 아니었다면 장제스는 그때 죽을 목숨이었다. (장제스는) 겉으로는 죽이라고 큰소리쳤지만 겁도 되게 많았다. 채신머리도 없었다. 내가 문을 열고 들어가면 깜짝 놀라서 벌떡 일어나곤 했다. 역시 소금장수 아들은 어쩔 수 없었다. 민심이 뭔지도 몰랐다. 항일을 주장하는 민심을 공산당의 책동이라며 묵살했다. 당시 공산당은 항일전쟁을 부추기지 않았다. 민심을 정확히 파악하고 순응했을 뿐이다. 그래서 항일전쟁을 이끌어냈고, 장제스를 영수로 추대했다."

젊은 날 아편·여인 틈에서 허우적거린 장쉐량

인연을 소중히 여겨야 한다고 하지만, 얽히고설킨 게 인생이다. 어쩔 수 없이 철천지원수가 되는 경우가 허다하다. 하지만 장쉐량과 쑹메이링은 예외에 속한다. 20대 중반에 만나 80년 가까이 끈을 놓지 않았다. 그래서 영원한 얘깃거리를 남겼다.

1925년 6월 23일, 장쉐량은 상하이를 떠났다. 거창한 환송식이 열렸다. 8일간 장쉐량의 곁을 떠나지 않던 쑹메이링은 "감정을 다스릴 자신이 없다. 청년 원수에게 느꼈던 호감을 평생 간직하고 싶다"며 마지막 만남을 포기했다. 언니 편에 장쉐량이 사방을 두리번거리더란 말을 듣고는 기분이 좋았다. 이튿날 쑹메이링은 『상하이신보』에 실린 장쉐량의 고별사를 읽고 또 읽었다. 자신에게 남긴 말이나 다름

없었다.

"상부의 명에 따라 톈진으로 돌아간다. 상하이에 체류하는 동안 분에 넘치는 환대를 받았다. 특히 아동 시설이 인상 깊었다. 그곳에서 언어의 소중함을 깨달았다. 그간 우리는 말을 함부로 했다. 나라가 망하려면 언어가 먼저 망가지는 법이다. 모든 단체가 합심해 평화를 쟁취하고, 궤도에서 벗어나지 않기 바란다."

장쉐량은 상하이를 떠나기 전날 쑹메이링의 안내로 아동 노동자 시설을 둘러본 적이 있었다. 쑹메이링은 환송객들에게 손 인사하는 장쉐량의 사진을 가위로 오려서 책갈피에 끼웠다. 톈진으로 돌아온 장쉐량은 그간 못 만난 여인들을 만나느라 정신이 없었다. 아버지 장쭤린도 여자문제에 관대했다. 장쉐량이 결혼하기 전에 한 훈계는 유명하다.

"첫 번째 결혼은 내가 정해준 사람과 해라. 그다음부터 네가 어떤 여자와 놀아나도 상관 않겠다. 한 가지 알아둘 게 있다. 젊을 때는 몇 살 많은 여자를 눈여겨보고, 나이 들면 젊은 여자를 주목해라. 단, 무슨 일이 있어도 조강지처를 버려선 안 된다. 멀리 있는 여자는 빨리 잊어버려라. 땅콩과 여자는 손닿는 곳에 있어야 한다."

대국이다 보니 별 사람들이 다 있었다. 하루는 외교부장이며 중국 최초의 국제올림픽위원회(IOC) 위원이던 왕정팅(王正廷)이 장쉐량

1924년 여름, 베이다이허에서 요양 중인
장쉐량(오른쪽 넷째)과 전 대총통 리위안훙(오른쪽 첫째).
오른쪽 셋째는 국무총리 주치첸(朱啓鈐).
주씨 집안은 장쉐량 집안과 인연이 깊었다.
주치첸의 여섯째 딸이 장쉐량의 제수였고,
장쉐량과도 보통 사이가 아니었던 다섯째 딸은
장쉐량의 부관과 결혼했다.

의 호출을 받았다. "누님이 미인이라는 소문이 자자하더군요"라는
말을 듣자마자 왕정팅은 매형에게 달려갔다.

"견문도 넓힐 겸 유럽에 다녀오세요. 이 나라 저 나라 국정과 민심
을 살피고, 가는 곳마다 간략한 보고서만 보내면 됩니다."

시간이 급하니 빨리 떠나라며 출장비까지 후하게 줬다. 매형의 출
국을 확인한 왕정팅은 누나를 데리고 장쉐량에게 가서 말 한 마디 없
이 누나만 남겨놓고 나와버렸다. 몇 개월 후 왕정팅은 국무총리 임명
장을 받았다. 매형에게는 유럽에서 보낸 보고서 덕이라며 고맙다는
편지를 보냈다. 이런 일이 빈번하다 보니 쑹메이링의 편지가 와도 답
장할 겨를이 없었다. 장쉐량도 말년에 당시를 회고하며 쓴웃음을 지
은 적이 있다.

"젊은 시절, 아편과 여인 틈에서 허우적거렸다. 지금 내 나이 93세,
이렇게 오래 살 줄은 생각도 못했다. 쉰 살까지만 살아도 다행이라고
생각했다."

동북을 장악한 청년 장쉐량

장쉐량이 떠난 후 쑹메이링은 황푸군관학교 교장 장제스의 본격
적인 구애를 받았다. 청년 원수 장쉐량과는 비교도 안 됐지만, 군관
학교 학생들을 이끌고 광둥을 평정한 장제스의 기세는 하늘을 찔렀
다. 북벌군 총사령관에 취임해 순식간에 남방 혁명세력의 군권을 장
악하고 공산당과도 완전히 선을 그었다. 상하이와 톈진은 하늘만큼
멀었다. 쑹메이링은 장제스의 구혼을 받아들였다.

난징에 국민정부를 수립한 장제스는 2차 북벌(北伐)을 서둘렀다.

국민혁명군은 파죽지세로 북방의 군벌들을 압도했다. 남은 건 베이징에 정좌한 동북군벌 장쭤린이었다. 장제스의 북벌군이 베이징을 압박했다. 장쭤린은 근거지 동북으로 갈 준비를 서둘렀다. 베이징을 장쉐량에게 맡기고 중난하이(中南海)를 떠났다. 동북에 군침을 흘리던 일본 관동군은 장쭤린의 귀환을 용납하지 않았다. 1928년 6월 4일, 선양 인근에서 장쭤린의 전용열차를 폭파해버렸다.

난징에 있던 쑹메이링은 장쉐량의 안위에 애가 탔다. 베이징에 있던 장쉐량은 병력을 이끌고 동북으로 잠입했다. 당시 동북의 철도 연변은 일본 관동군이 장악하고 있었다. 동북군을 실은 열차가 산하이관(山海關)을 통과하자 일본군의 검문이 살벌했다. 이유는 단 하나, 장쉐량 색출이었다. 사병들 틈에 졸병 복장으로 섞여 있던 장쉐량을 찾아내지 못했다.

선양의 북대영(北大營)에 도착한 장쉐량은 아버지의 장례를 치르기가 무섭게 동북 친일세력의 거두들을 초청했다. 저녁 식사 후 부관들이 찻잔을 들고 들어왔다. 차를 식탁에 놓는 순간 부관들의 총구가 불을 뿜었다. 육해공군 보안사령관에 취임한 장쉐량은 눈 깜짝할 사이에 동북을 장악해버렸다. 28세 때였다. 1928년 가을, 베이징에 입성한 장제스는 장쉐량과의 접촉을 시도했다. 쑹메이링과 장쉐량이 상하이에서 헤어진 지 3년 후였다. 폭동을 일으키고 산속으로 도망가 있던 마오쩌둥(毛澤東)은 존재도 없을 때였다.

장쉐량 없애려는 장제스, 새파랗게 질린 쑹메이링

1928년 6월 10일, 장제스가 지휘하는 북벌군 선발대가 수도 베이징에 입성했다. 16년에 걸친 북양정부 시대는 막을 내렸다. 동북을 제외한 전국에 청천백일기가 나부꼈다. 동북의 새로운 지배자 장쉐량은 난징의 국민정부 앞으로 전문을 보냈다. "어떠한 일이 있어도 통일을 방해하지 않겠다"며 귀순 의사를 분명히 했다. 장제스의 중국 통일은 시간문제였다. 장제스도 장쉐량에게 전문을 보냈다. 일본군에게 폭사당한 장쭤린의 죽음에 애도를 표하며 특사 파견을 제의했다.

"황망해 할 장군을 생각하니 몸 둘 바를 모르겠습니다. 어려운 시국에 함께 인내하고 분투할 사람은 장군밖에 없습니다. 상세한 설명을 드리기 위해 사람을 보내겠습니다. 부디 만나주시기 바랍니다."

장제스는 일본 육군사관학교 동기생인 장췬(張群)을 극비리에 동북으로 파견했다. 장췬과 몇 차례 만난 장쉐량은 장제스에게 흥미를 느꼈다. 그전까지만 해도 이름은 들었지만 별 관심은 없었다. 훗날 당시를 회상했다.

"장제스는 평판이 좋지 않았다. 사람 됨됨이야 어떻건, 남북통일이 국가의 앞날에 유리하다는 주장에는 공감했다. 동북에 청천백일기를 게양하겠다는 결심을 굳혔다. 남들은 믿지 않겠지만 쑹메이링이 본처를 버린 장제스와 결혼했을 줄은 꿈에도 생각 못했다. 두 사람의 결혼으로 전 중국이 떠들썩했을 때 뭘 하고 있었는지 기

연합에 성공한 후 군사위원회 부위원장 자격으로
위원장 장제스(앞줄 오른쪽)와 함께
난징의 쑨원 묘소를 참배한 장쉐량(앞줄 왼쪽).
1930년대 초반으로 추정.

억이 잘 안 난다. 동북군 중에 통일 지지자는 소수였다. 일본 관동군도 만주를 중국에서 분리시키라며 내게 압력을 가했다.”

그해 여름은 유난히 더웠다. 장쉐량은 부인 위펑즈(于鳳至)와 함께 베이다이허로 피서를 떠났다. 한번 만나자는 장제스의 전문이 빗발쳤다. 장쉐량은 위펑즈와 의논했다.

“당신은 아버지가 정해준 부인이다. 의견을 듣고 싶다.”

위펑즈는 의외였다. 시아버지 장쭤린은 생전에 “정치는 여자에게 적합하지 않다. 결정적인 순간에 감정에 지배되기 쉽다. 그러다 보니 국가 대사를 그르친 적이 많았다”는 서태후의 유언을 자주 언급하며 여자들에겐 정치 얘기를 입에 담지도 못하게 했다. 장쉐량이 하도 권하자 위펑즈가 의견을 내놨다.

“동북에 청천백일기 게양은 말도 안 된다. 원로 장군들의 반대가 거세다. 이들을 무시했다간 무슨 일이 벌어질지 모른다. 장제스는 흉악한 사람이라고 들었다. 시아버지 상중에 조문편지를 보내고 측근을 보내 호감을 표시했지만 무슨 생각을 하는지 알 수가 없다. 당신은 아직 나이가 어리니 조심해라.”

장쉐량은 위펑즈에게 고맙다고 말했지만, 행동은 반대로 했다. “장제스의 난징 정부와 연합하지 않으면 일본 관동군의 위협에 시달린다. 장제스의 휘하에 들어갈지언정 일본과 함께할 생각은 추호도 없다”며 장제스에게 베이징에서 만나자는 전문을 보냈다. 장제스는 장쉐량보다 한발 앞서 쑹메이링과 함께 베이징에 도착했다. 중난하이에 여장을 풀자 막료들과 대책을 논의했다. 산시(山西) 군벌 옌시산(閻錫山)의 주장이 눈길을 끌었다.

"장쉐량의 동북군이 건재하는 한 통일은 불가능하다. 난징으로 유인해 설득하자. 불응하면 처형하는 수밖에 없다."

장제스가 고개를 끄덕이자 쑹메이링의 안색이 새파랗게 변했다. 그날 밤 장제스는 쑹메이링과 함께 중난하이를 산책하며 장쉐량이 어떤 사람인지 설명했다.

"아직 28세에 불과한 애송이다. 대권을 장악하기는 했지만, 권력을 제대로 사용할 줄 모른다. 국가에 대한 충성과 용기는 높이 살 만하다. 그를 이용해 통일의 대업을 이루겠다. 이 기회에 철저히 제거해버리자는 옌시산의 의견도 일리가 있다. 아무리 어려도 호랑이는 호랑이다."

쑹메이링이 장제스에게 속삭였다.

"옌시산에게 장쉐량은 큰 우환거리다. 우리를 이용해 장쉐량을 제거하겠다는 심산이다. 통일을 위해 장쉐량의 군사력이 필요하다면 둘이 손을 잡아라."

장제스는 쑹메이링의 어깨를 토닥이는 것으로 대답을 대신했다. 다음 날 장제스가 장쉐량을 만나러 나가자 쑹메이링은 불안을 감추지 못했다. 일을 마치고 돌아온 장제스가 "얘기가 잘되었다"며 싱글벙글하자 가슴을 쓸어내렸다. 쑹메이링이 장제스와 결혼한 것은 부득이한 선택이었다. 장제스는 자신과 결혼하기 위해 본처와 이혼했지만, 장쉐량은 그럴 사람이 아니었다. 남이 되었지만 장쉐량과의 인연을 완전히 끊어버릴 자신이 없었다. 실제로 장쉐량이 죽는 날까지 그랬다.

"내 며느리 내가 정한다"며 생명의 은인 딸 데려온 장쭤린

인간 세상에 벌어지는 일들은 거대한 산과 흡사하다. 보는 시각에 따라 제각각이다. 20여 년 전, 홍콩의 노부인에게서 쑹메이링에 대한 혹평을 들은 적이 있다.

"쑹메이링은 장제스의 정치부인이었다. 남편 장제스가 위기에 처했을 때마다 기지를 발휘했다. 중국의 퍼스트레이디로는 손색이 없었지만, 장제스를 망쳐놓은 장본인이기도 했다. 사진에서 보는 것처럼 미모가 빼어난 것도 아니었다. 쑹메이링의 얼굴은 변덕이 심했다."

장쉐량에 관한 얘기도 빼놓지 않았다. "여자 칭찬하는 여자는 바보"라는 말을 믿어야 이해가 가는 내용이었다.

"남자들은 멍청하다. 음흉한 여자들의 별것도 아닌 행동에 깜빡 속아 넘어간다. 장쉐량도 쑹메이링에게 홀리는 바람에 신세를 망쳤다. 위펑즈라는 현명한 부인을 두고 쑹메이링에게 넋을 잃은 이유를 알 수가 없다. 장쉐량에게 끝까지 신의를 지켰다며 여자는 쑹

장제스와 쑹메이링.
쑹메이링이 장제스와 결혼한 것은 부득이한 선택이었다.
장제스는 자신과 결혼하기 위해 본처와 이혼했지만,
장쉐량은 그럴 사람이 아니었다.

메이링 같아야 한다는 사람들을 보면 한심하다."

위펑즈는 장쉐량의 부인이었다. 그것도 여러 부인 중 하나가 아닌 조강지처였다. 나이는 장쉐량보다 세 살 위로 쑹메이링과 동갑이었다. 동북의 촌구석에서 태어나 장쭤린의 큰며느리가 되기까지 사연이 많았다. 얘기는 1908년 장쭤린의 부대가 펑톈 인근, 신민부(新民府, 지금의 신민시)에 머물렀던 시절로 거슬러 올라간다. 당시 신민부에는 일본군 대부대가 주둔하고 있었다. 서슬이 시퍼렇던 일본군은 중국군과 조우하면 "평생 목욕 한 번 안 하는 더러운 것들, 돼지우리 냄새가 난다"며 모욕을 주기 일쑤였다.

설날, 술을 거나하게 마신 일본군과 중국군 사이에 충돌이 발생했다. 일본군이 쏜 총탄에 중국 사병 두 명이 목숨을 잃었다. 보고를 받은 장쭤린은 범인을 넘겨 달라고 일본군 측에 요구했다. 성사될 리가 없었다. 장쭤린이 물러서지 않자 일본군과 교섭을 담당하던 펑톈 교섭서(奉天 交涉署)가 중재에 나섰다. 결과는 장쭤린을 실망시켰다.

"일본군은 한 사람당 500량씩, 1,000량을 보상해라."

장쭤린은 열이 치솟았다. 부하 몇 명을 불렀다. "마랴오거바쯔(媽了個巴子)"라며 욕부터 나왔다.

"당장 나가서 일본군 세 놈을 처치해라. 총알도 아깝다. 몽둥이로 패 죽여서 똥통에 집어 던져라. 여기 1,500량이 있다. 일본놈들이 정해놓은 세 사람 목숨 값이다."

'동3성 총독'은 장쭤린의 성격을 잘 알았다. 내버려뒀다간 무슨 일이 벌어질지 몰라 청나라 조정에 상주했다.

"지난 5년간, 장쭤린은 토비 토벌에 큰 공을 세웠다. 최근 들어 랴오위안(遼源) 일대에 토비들이 창궐했다. 장쭤린이 아니면 진압할 사람이 없다. 상금 5,000량과 용포를 내려주기를 청한다."

서태후는 총독의 요청을 받아들였다. 장쭤린은 부하를 이끌고 랴오위안으로 갔다. 중심지 정자툰(鄭家屯)에 병력을 배치했다. 정자툰은 병력 수천 명이 주둔하기에는 적합한 곳이 아니었다. 지휘부를 물색하던 장쭤린은 지역 상인협회 회장 위원더우(于文斗)를 찾아갔다. 위원더우는 미곡상을 운영하는 지역 명망가였다. "쌀가게에 지휘부를 차려라"며 장쭤린을 후대했다. 두 사람은 죽이 잘 맞았다. 못하는 말이 없을 정도가 되기까지 오랜 시간이 걸리지 않았다.

장쭤린에게 위원더우는 생명의 은인이기도 했다. 다싱안링(大興安嶺)에서 토비들에게 포위당했을 때 사비로 구원병을 모집해 포위망을 풀어준 사람이 위원더우였다. 장쭤린은 한 번 입은 은혜는 몇 배로 갚아야 직성이 풀리는 성격이었다. 머리를 싸매도 갚을 방법이 없자 걱정이 태산 같았다. 그러나 해답은 가까운 곳에 있었다. 지루한 여름밤, 평소처럼 위원더우와 한담을 나누던 중, 어린 소녀가 거실로 들어왔다. 들고 온 책을 펼치더니 손가락으로 한 곳을 콕 찍으며 위원더우에게 물었다.

"아빠, 이게 무슨 말이야?"

지켜보던 장쭤린은 속으로 '드디어 보답할 방법을 찾았다'며 기뻐했다. 소녀가 나가자 위원더우에게 사돈을 맺자고 간청했다.

1911년, 장쭤린은 펑톈의 최고 실력자로 군림했다. 아들 장쉐량이 열한 살이 되자 혼인 얘기를 꺼냈다.

"정자툰에 네 신부 될 여자애가 있다."

장쉐량은 시큰둥했다. "알지도 못하고 본 적도 없다. 넓디넓은 평
톈에 예쁜 애들이 얼마나 많은데, 정자툰은 무슨 놈의 정자툰이냐"
며 투덜거렸다. 장쭤린은 단호했다.

"나는 네 신부를 구한 게 아니라 내 며느릿감을 구했다. 데리고 살
여자는 네가 어디 가서 주워오건 상관 않겠다. 더 이상 왈가왈부하지
마라."

쾌남 장쭤린, 자신에게 폭탄 던진 '소신 테러범' 훈방

장쭤린과 장쉐량 부자(父子)는 한마디로 정의 내리기 어려운 사람
들이다. 워낙 인기가 많다 보니 여자관계가 복잡했을 뿐, 엉뚱한 사
람을 기용해 망신당한 적도 없고, 국민들의 자존심을 손상시키지도
않았다. 후세에 비장미와 즐거운 웃음거리를 선사했을지언정 조롱
당할 짓은 하지 않았다. 신의를 제일로 쳤다. 한 번 한 약속은 손해를
보는 한이 있어도 꼭 지켰다. 애국자인 것도 분명했다.

1917년 가을, 잘생긴 청년이 성무대장군(盛武大將軍) 장쭤린이 타
고 가는 마차에 폭탄을 투척했다. 범인이 체포되자 장쭤린이 직접 심
문에 나섰다. 연신 목을 어루만지며 범행동기를 물었다.

"내가 궁금해하는 건 하나밖에 없다. 도대체 무슨 이유로 나를 죽
이려 했느냐?"

당당한 답변이 돌아왔다.

"나는 혁명당원이다. 공화주의자다. 황제 제도에 반대한다. 장군은
장쉰(張勛)과 결탁해 복벽(復辟, 물러났던 임금이 다시 왕위에 오름)

장쉐량(오른쪽 셋째)은 중국 주재 외교관 부인들과
친분이 두터웠다. 부인 위펑즈(오른쪽 첫째)는
장쉐량이 서양 여인들과 만나는 것을 싫어했다.
오른쪽 둘째는 장쉐량의 외국인 고문
도널드 윌리엄 헨리(Donald William Henry).
1931년 2월, 베이징 고궁 건청문(乾清門).

을 도모했다. 그래서 죽이려고 했다."

장쭤린은 안도했다. 고개를 한 번 끄덕이더니 다시 물었다.

"이유가 그거라면 안심이다. 한 가지만 더 묻겠다. 누구의 사주를 받지 않았느냐? 그런 사람이 있으면 실토해라. 너는 살려주마."

청년은 발끈했다.

"나를 자세히 봐라. 내 키가 7척(尺)이다. 내게 이래라저래라 할 사람은 아무도 없다. 돈 몇 푼 쥐여주며 장군을 죽여달라고 부탁하는 사람이 있었다면, 이 주먹으로 그놈의 머리통부터 날려버렸을 거다. 나는 황제 제도를 저주하고 중화민국을 사랑한다. 너희들의 복벽에 대한 환상만 깰 수 있다면 내 목숨은 아깝지 않다."

보기에 민망했던지, 배석해 있던 측근들이 처형을 재촉했다. 장쭤린은 "내가 아니면 답변할 사람이 없다"며 주변을 진정시키고 나서 범인을 향해 입을 열었다.

"오해처럼 무서운 것도 없다더니. 내가 복벽을 꾸미는 줄 알았구나. 나는 네가 누구에게 고용된 자객인 줄 알았다. 너는 애국자다. 오해하지 마라. 장쉰은 나의 오랜 친구고 친척일 뿐이다. 나는 그 사람과 복벽 운동을 한 적이 없고, 함께할 생각도 없다. 항간에 떠도는 헛소문 때문에 너도 죽고 나도 죽을 뻔했다. 지금 내가 할 수 있는 말은 이것밖에 없다. 이 순간부터 너는 자유의 몸이다. 석방할 테니 돌아가라. 청이 하나 있다. 나가서 조사를 철저히 해봐라. 내가 복벽을 추진한 게 사실로 드러나면 다시 내게 폭탄을 던져도 좋다. 뭔지는 잘 모르지만, 나도 공화주의자다. 지금 세상에 황제

제도를 부활시키려는 놈은 네 손에 산산조각이 나야 한다."

복잡했던 시대에 벌어졌던 일이라 설명이 필요하다. 1916년 6월, 위안스카이가 세상을 떠났다. 국무원 총리 돤치루이가 실권을 장악했다. 형식을 싫어하던 돤치루이는 리위안훙(黎元洪)을 대총통에 추대했다. 총통부와 국무원은 충돌이 그치지 않았다. 제1차 세계대전 참전 여부를 놓고 극에 달했다. 미국이 연합국 측에 가담하자 돤치루이는 대독(對獨) 선전포고를 주장했다. 국회가 반대하자 리위안훙은 국회 편을 들었다. 남방 최대의 군벌 장쉰은 공화제와는 거리가 먼 사람이었다. "황제가 없으면 중국은 하루도 조용할 날이 없다"는 철저한 복벽주의자였다. 돤치루이와 리위안훙은 장쉰을 같은 편으로 끌어들이기 위해 혈안이 돼 있었다. 장쉰의 생각은 이들과 달랐다. 이견을 조정한다는 구실로 군대를 몰고 입성해 두 사람을 내쫓고, 복벽을 단행할 심산이었다. 어느 시대건 국민들은 어리석지 않다. 장쉰의 속셈을 꿰뚫고 있었다. 싫다는 딸을 억지로 장쉰의 아들과 결혼시킨 장쭤린이 오해를 받는 건 당연했다.

장쉐량은 아버지보다 더했다. 여자문제를 포함해 세상을 깜짝 놀라게 한 일이 한두 번이 아니었다. 생명의 은인 위원더우에게 사돈을 맺자고 한 장쭤린은 장쉐량이 싫다고 하자 난감했다. "너랑 살 여자가 아니라 내 며느리를 구하는 일"이라고 했지만, 말 같지도 않은 소리라는 것을 모르지 않았다. 이내 타협안을 제시했다.

"위원더우는 이미 세상을 떠났다. 살아 있다면 뭐라고 둘러대기라도 하겠지만 무덤에 대고 사정할 수도 없는 노릇이다. 한번 가서 만

장쉐량과 동북군 지휘관들.
장쭤린과 장쉐량 부자는 한마디로 정의 내리기
어려운 사람들이다. 여자관계가 복잡했을 뿐,
엉뚱한 사람을 기용해 망신당한 적도 없고,
국민들의 자존심을 손상시키지도 않았다.

나보기라도 해라."

1913년 장쉐량은 정자툰에 가서 새해를 맞이했다. 훗날 위펑즈는 미국의 병실에서, 병문안 온 쑹메이링에게 당시를 회상했다.

"정자툰에 온 한칭(漢卿, 장쉐량의 字)은 무슨 마을이 눈 위에 온통 말똥투성이냐며 불평을 해댔다. 그런 한칭이 나는 싫었다. 며칠 지나자 내 말을 잘 들었다. 나를 의지하고 시키는 대로 했다. 하루는 영원히 내 말만 듣겠다며 내 손을 잡아끌었다. 변심하지 않겠다고 해서 나도 고개를 끄덕였다."

장쉐량 "저우언라이, 통치자감은 못되지만 훌륭한 재상감"

10여 년 전, 타이베이(臺北)에서 우리나라 정승화 장군의 회고록을 발간한 적이 있다. 『12월 12일 장군의 밤』(12 · 12 將軍之夜)으로 제목도 그럴 듯했다. 장쉐량과 장제스에 관한 새 책이 나왔다며 펼쳐들었다가 "에이" 하며 제자리에 놓는 중국인이 많았다.

엄청난 사건도 시간이 지나면 금세 잊히고 만다. 세월 때문인지, 아니면 인간이 원래 망각의 동물인지는 생각해볼 필요도 없다. 지나고 나면 별것도 아닌 경우가 대부분이기 때문이다. 하지만 중국인들에게 1936년 12월 12일의 시안사변은 예외다. 흔히들 중국의 운명을 바꿔놓은 사건이라고 하지만 그런 사건은 한둘이 아니다. 1년 후면 80년을 맞이한다. 잊힐 때도 됐지만 뒷얘기가 끝이 없다. 그럴 만한 이유가 있다.

1976년 새해 벽두, 임종을 앞둔 중국 총리 저우언라이가 장쉐량을 입에 올렸다. "성이 '장'(張)씨인 옛 친구가 그립다. 40년 전 시안에서 헤어진 후 단 하루도 잊은 적이 없다. 살아 있다면 지금 76세, 고맙고 미안하다는 것 외에는 달리 표현할 방법이 없다"는 말을 남기고 세상을 떠났다. 쑹메이링도 비슷한 말을 평생 반복했다. 남 칭찬에 인색했던 대서법가 위유런(于右任)도 청사(靑史)에 빛날 장쉐량의 행적들이 한줌의 재가 되는 것을 용납하지 않았다. 부서지는 파도를 대할 때마다 "청춘은 돌아오지 않는다는 사실을 믿지 않았고, 만리강산을 술 한잔 털어넣듯이 한 사람"이라며 연금 중인 장쉐량을 노래했다.

몇 년 전 중국 TV에서 품위 있는 노부인이 한 말을 부정하는 중국인은 없다. 우리에겐 워낙 낯선 사람이라 이름은 생략한다. 기억에 의존해 인용한다.

"허구한 날 모였다 하면, 시안사변을 얘기한 지 75년이 흘렀다. 세월이 흐르면, 세상 사람들이 다 아는 일도 잊히고, 숨겨졌던 이야기들도 밝혀지기 마련이다. 시안사변은 이미 중국인들에게 영원한 얘깃거리로 자리 잡은 지 오래다. 시안사변 1년 뒤인 1937년 이후 12월 12일만 되면 새로운 내용들이 쏟아져 나왔다. 해를 거듭할수록 재미있는 내용투성이다. 워낙 괴상한 사람들이라 공적인 기록을 남기지 않다 보니 원래의 모습이 드러나기는커녕 가공이 사실을 압도할 날이 멀지 않았다. 앞으로 무슨 기상천외한 얘기들이 나올지 아무도 예측 못한다."

쑹메이링과 장쉐량에 관한 얘기도 빼놓지 않았다.

태평양전쟁 시절 중국군구사령관 자격으로
인도를 방문해 간디를 예방한 장제스·쑹메이링 부부.
1942년 2월 15일, 뭄바이.

"쑹메이링은 미모는 아니었다. 지혜와 총명함이 돋보였던 이 여인은 장쉐량의 불 같은 성격을 누구보다 잘 알았다. 장쉐량은 한번 결심하면 바꿀 사람이 아니었다. 장쉐량에게 감금당한 남편 장제스를 구하고, 11년 전 신기루처럼 나타났다 사라진 장쉐량의 안전을 지켜줄 사람은 중국 천지에 자신밖에 없다고 생각했다."

확인이 불가능한 증언도 많다. "쑹메이링이 시안에 도착한 날 밤, 장쉐량의 집무실에서 두 사람이 부둥켜 안고 흐느끼는 것을 두 눈으로 똑똑히 봤다"고도 했다. 그뿐 아니다.

"아무리 숨기려 해도 연인들은 표가 난다. 무장 경호원 수백 명을 거느리고 수도 난징에 온 장쉐량 부부를 장제스와 쑹메이링이 직접 역에 나가 영접했다. 장쉐량을 바라보는 쑹메이링의 눈빛이 평소와 달랐다. 둘이 산책하는 모습을 얼핏 본 적이 있다. 손을 잡거나 팔짱을 끼지도 않았지만 다정한 분위기가 느껴졌다. 사탕을 건네는 표정도 예사롭게 보이지 않았다. 그때 나는 너무 젊었다. 별것 아닌 행동도 콧김을 주고받은 사이는 다르다는 것을 모를 나이였다."

쑹메이링의 눈에 비친 장쉐량은 독하고 귀여운 사람이었다.

"장쉐량은 근거지 동북이 일본 관동군의 수중에 들어가자 그간 즐기던 아편과 모르핀을 끊어버렸다. 부관에게 권총을 건네며 내

장쉐량은 고대 서화(書畵)에 관심이 많았다.
1931년 4월 29일 고궁박물원을 방문한 장쉐량(오른쪽).
왼쪽은 박물원 초대원장 이페이지(易培基).
이페이지는 청년시절 마오쩌둥의 스승이었다.

가 다시 아편에 손을 대면 나를 총살하라고 명령했다. 일주일 만에 효과를 보자 전화로 온갖 자랑을 해댔다. 축하한다며 사탕과 초콜릿을 선물하자 어린애처럼 좋아했다. 여자들의 구애 편지가 하루에 100통에서 200통은 된다며 무솔리니의 딸이 제일 맘에 든다고 할 때는 한 대 쥐어박고 싶었다. 비행기도 직접 조종하고 자동차도 제 손으로 몰 때가 많았다."

장쉐량과 저우언라이 사이에 무슨 일이 있었는지는 한동안 미궁이었다. 1991년 자유를 회복한 장쉐량이 그를 간단히 언급했다.

"내가 만나본 저우언라이는 최고 통치자감은 못됐다. 훌륭한 재상감이었다."

1936년 1월 "옌안(延安)에 웅크린 공산당을 토벌하라"는 장제스의 재촉에 시달리던 장쉐량은 리커눙의 주선으로 저우언라이와 처음 만났다. 장소는 옌안 인근의 허물어진 교회당이었다. 비행기를 직접 몰고 도착한 장쉐량은 미리 와 있던 동북군 지휘관에게 지시했다.

"무장병력을 동원해 교회당 주변을 에워싸라. 100미터 안으로 접근하는 사람은 무조건 사살해라. 상대가 누구건 상관없다."

저우언라이를 기다리던 장쉐량은 10대 후반 톈진 시절이 떠올랐다. 톈진의 난카이(南開)대학(저우언라이의 모교)에 입학을 앞둔 장쉐량은 연극광이었다. 여자 배우로 분장해 인기를 끌던 저우언라이의 공연을 보며 박수 보낸 적이 엊그제 같았다.

쑹메이링과 장쉐량, 장쉐량과 장제스

"쑹메이링은 너무 정치적이다.
남자를 이용할 줄 아는 여자다."

군軍 200만 충돌 '중원대전' 평정한 쑹메이링의 편지 한 통

장쉐량은 결정적인 순간에 장제스를 도왔고, 결정적인 순간에 장제스를 망쳤다. 두 사람 모두 그 점을 잘 알고 있었다.

1928년 1월, 장제스는 국민혁명군 총사령관에 복직했다. 1개월 후, 국민당 정치위원회와 중앙군사위원회 주석에 선출되자 북벌을 서둘렀다. 지방군벌 펑위샹(馮玉祥), 옌시산, 리쭝런(李宗仁)과의 연합에도 성공했다. 북벌군은 연전연승, 베이징에 웅거하던 군벌정부의 마지막 통치자 장쭤린은 근거지 동북으로 가던 도중 폭사했다. 베이징을 점령한 장제스는 펑위샹, 옌시산, 리쭝런과 함께 국부 쑨원의 유해가 안치된 샹산(香山)의 사찰을 참배했다. 전 세계의 신문 1면을 네 거두가 장식했다. 장쭤린을 계승한 동북의 새로운 실력자 장쉐량도 장제스의 중앙정부에 귀순했다. 장제스는 동북의 통치권을 장쉐량에게 일임했다.

국민정부 주석과 육해공군 총사령관을 겸한 장제스가 1인 독재를 강화하자 신군벌을 대표하는 세 사람이 반발했다. 사사건건 장제스와 충돌했다. 광시(廣西)군벌 리쭝런이 20만 병력을 동원해 장제스에게 도전장을 내밀었다. 세상이 복잡해질 징조였다. 장제스는 리쭝런과 평위샹의 연합을 우려했다. 철도와 교량 폭파가 계속되자 평위샹을 막후로 지목하고 전국에 체포령을 내렸다. 장제스와 호형호제하던 평위샹은 일단 몸을 피했다. 촌구석과 산속을 전전하며 아령과 역기로 체력부터 다진 후, 평소 꼴도 보기 싫어하던 옌시산에게 손을 내밀었다. 옌시산도 평위샹의 손을 뿌리치지 않았다. 리쭝런과 연합해 장제스를 끌어내리기로 합의했다.

문제는 장쉐량이었다. 동북의 장쉐량은 어느 편에도 서지 않았다. 신동북건설을 표방하고 군비 확장에 주력했다. 아버지 장쭤린이 집권하던 시절, 한린춘이 상하이의 도박장에서 따온 돈으로 세운 선양병공창은 중국 최대 규모의 무기 공장으로 자리 잡은 지 오래였다. 이곳에서 생산되는 대포와 장총의 양과 질은 전통을 자랑하는 한양병공창(漢陽兵工廠)의 제품을 능가했다.

1930년 4월, 제 갈 길을 갈 것 같던 세 사람의 동맹 소식이 전파를 탔다. "천하대란의 막이 올랐다"며 세계가 경악했다. 육해공군 47만의 병력을 거느리고 동북에 웅거한 장쉐량의 향방을 전 세계가 주시했다. 일거수일투족이 주목을 받았다. 1930년 4월, 200여 만 명이 동원된 마지막 군벌전쟁, 중원대전(中原大戰)의 막이 올랐다. 관건은 장쉐량이 누구 편을 드느냐였다. 장쉐량을 끌어들이기 위해 양측은 안간힘을 썼다. 기상천외한 조건들을 제시했지만, 효과는 쑹메이링의 간곡한 편지 한 통만 못했다.

사태를 관망하던 장쉐량이 장제스 지지를 선언하자 전국이 떠들썩했다. 동북군이 만리장성을 넘자 전쟁은 끝난 거나 마찬가지였다.

리쭝런은 자신의 근거지 구이린(桂林)에 납작 엎드렸고, 옌시산은 통치 구역인 산시 성 밖을 나오지 않았다. 장제스는 펑위샹의 해외여행을 허락하며 전쟁을 마무리했다. 이때 모스크바에서는 장제스의 장남 장징궈가 첫사랑인 펑위샹의 딸과 동거 중이었다.

"죽는 날까지 장쉐량의 부인 대접 받은 위펑즈"

중원대전을 계기로 통치권을 공고히 한 장제스는 2인자 장쉐량을 후계자로 인정했다. 군사위원회 부위원장과 육해공군 부총사령관에 임명하고 베이징 이북과 동북 전역의 전권을 장쉐량에게 내줬다. 장제스는 장쉐량을 좋아했다. 장쉐량이 위펑즈와 함께 난징에 오면 어딜 가나 데리고 다니며 의형제를 맺었다. 장제스와 장쉐량의 밀월은 여인들에게도 영향을 미쳤다. 하루는 쑹메이링을 만나고 온 위펑즈가 장쉐량에게 투덜댔다.

"동북에 있을 때 아버지는 술만 취하면 사람들과 의형제 맺기를 좋아했다. 의형제가 100명도 넘는 것 같았다. 시아버지는 더했다. 내가 물었더니 800명이 넘는다고 했다. 의형제가 뭐냐고 물었더니 결국은 의형제 맺었다는 것들끼리 죽기 살기로 싸우는 법이라며 씩 웃었다. 시아버지 말이 맞는 것 같다. 난징에 와보니 여자들도 보통이 아니다. 오늘 쑹메이링이 불쑥 의자매 맺자는 바람에 당황했다. 면전에서 싫다고 할 수도 없고, 곤혹스러웠다. 그러자고 했더니 나를 자기 엄마와 언니에게 데리고 갔다. 얼떨결에 의자매와 의엄마까지 생겼다. 그 여자 너무 정치적이다. 빨리 동북으로 가

자. 오빠라는 사람도 만났다. 우리 부부를 진심으로 좋아한다는 느낌을 받았다. 그런 사람과 가까이 해라. 쑹메이링은 남자를 이용할 줄 아는 여자다. 앞으로 조심해라."

장쉐량이 어떤 반응을 보였는지는 알 길이 없지만, 위펑즈는 세상을 떠나는 날까지 쑹메이링에게 장쉐량의 부인 대접을 받았다.

1931년 9월 18일 밤, 일본군이 장쉐량의 근거지 선양을 공격했다. 당시 국민당 고관들은 "우리는 일본의 적수가 못 된다"며 일본 공포증에 걸려 있었다. 장제스는 "일본군과 싸우면 중국의 연해지역은 3일 이내에 일본군에게 함락된다"며 '3일 망국론'까지 폈다. 베이징에 있던 장쉐량에게 전문을 보내 "일본군과 충돌을 피하라"고 지시했다. 동북을 일본군에게 내준 장쉐량은 청년 원수에서 전 중국인의 조롱거리로 전락했다. 장제스의 지시였다고 하소연할 곳도 없었다.

장제스 명령 따른 장쉐량 '매국노' 오명 쓰고 해외 유랑

장쉐량은 일본군에게 아버지와 아들을 잃었다. 일본이라면 철천지 원수였다. 자다가도 일본 소리만 들으면 벌떡 일어날 정도였다. 장제스는 일본과의 무력 충돌을 바라지 않았다. 장쉐량의 불 같은 성격도 잘 알았다. 일본군이 동북 3성을 침공할 경우 장쉐량의 대응을 우려했다. 1931년 8월 16일, 장쉐량에게 간단한 비밀 전문을 보냈다.

"앞으로 일본 군대가 어떤 도발을 하더라도 절대 응수하지 마라. 만에 하나, 일시적인 분노로 국가와 민족의 대계를 그르치는 일이 있어선 안 된다."

난징의 국민당 요원들도 비슷한 전문을 장쉐량에게 보냈다. 아들 뻘인 장쉐량을 깍듯이 모시던 감찰원장 위유런도 장제스의 성화에 못 이겨 친필 서신을 보냈다.

"중앙정부의 가장 큰 책무는 내란(공산당을 지칭)을 평정하는 것이다. 동북의 형제들은 이 점을 이해하기 바란다."

장쉐량은 베이핑(北平, 현재 베이징의 이름)의 병원에 입원 중이었다. 부인 위펑즈는 장제스가 보낸 전문을 깊숙한 곳에 숨겼다.

9월 18일, 일본군이 싸움을 걸어왔다. 장쉐량은 장제스의 명령에 순종했다. 동북을 일본 관동군에게 내주고 동북군을 만리장성 너머로 철수시켰다. 장제스는 '매국노'와 '무저항 장군'이라는 오명을 뒤집어쓴 장쉐량에게 외유를 권했다.

"잠시 나가 있어라. 1년만 지나면 수그러든다."

장쉐량과 함께 유럽 순방길에 오른 위펑즈는 장제스가 보낸 전문(電文)부터 챙겼다. 런던에 도착하자 스탠다드차타드은행을 찾아가 귀금속과 함께 이 전문을 개인금고에 보관했다. 훗날 장쉐량이 연금에 처해지자 위펑즈는 이 전문을 쑹쯔원에게 보여줬다. 장쉐량의 안위를 누구보다 걱정하던 쑹쯔원은 동생 쑹메이링을 통해 "장쉐량을 죽이면 전문을 공개하겠다"며 장제스를 협박했다.

쑹메이링은 유럽에서 귀국한 장쉐량을 장제스에게 안내했다. 장쉐량은 "이탈리아에서 무솔리니의 환대를 받았다. 무솔리니는 배울 게 많은 사람이다. 무솔리니를 본받자. 한 개의 정당에 한 명의 영수가 우리 체질에 맞는다. 최고 통수권자인 위원장이 항일전쟁을 지휘하면 무조건 복종하겠다"며 시종실 주임자리를 원했다. 장제스는 거절

동북에서 러허(熱河)로 철수한 장쉐량(앞줄 흰 복장)을 방문한
쑹메이링의 오빠 쑹쯔원(장쉐량 오른쪽). 1933년 2월.
쑹쯔원은 장쉐량의 지기(知己)였다.
장쉐량은 위기에 처할 때마다 쑹쯔원의 도움을 받았다.
쑹쯔원은 결국 장쉐량 문제로 장제스와 결별했다.

했다.

"공산당부터 섬멸시킨 후에 생각해보자."

장제스는 장쉐량을 옌안에 웅크린 홍군 토벌 부총사령관에 임명했다. 총사령관은 장제스였다.

"시안으로 가라. 나 대신 홍군 섬멸작전을 지휘해라."

시안과 옌안은 지척간이었다. 당시 시안 일대는 국민당 원로 양후청이 지휘하는 서북군(西北軍)의 천하였다. 양후청은 동북군을 거느리고 온 장쉐량의 지휘를 거부하지 않았다. 위기에 몰린 공산당은 리커눙에게 장쉐량에게 접근할 방법을 모색하라고 지시했다. 1984년, 마오쩌둥이 리커눙에게 보낸 전문이 공개됐다.

"우리는 항일전쟁을 주장하는 장쉐량의 의견에 동의한다. 동북군과 불가침 조약을 맺고 싶다. 장제스와 장쉐량을 떼어놔라. 내전을 중지하면, 홍군이 항일의 선봉대 역할을 하겠다. 매국노 토벌도 우리에게 맡기면 성실하게 수행하겠다. 단기필마(單騎匹馬)로 직접 장쉐량과 담판해라. 원칙을 양보하지 말고 교섭도 파열시키지 마라."

장쉐량과 1차 접촉에 성공한 리커눙은 저우언라이와 장쉐량의 만남을 주선했다.

동서양을 막론하고 화를 잘 내는 사람은 귀가 얇고 처음 만나는 사람에게 호의적이다. 저우언라이를 만난 장쉐량은 중공 측의 주장에 동의했다. 엄청난 제의를 했다.

"동북군에 상주할 홍군 대표를 파견해라. 정보를 교환하고, 문제가 발생하면 함께 토의하자."

장제스를 옹호하는 것도 잊지 않았다.

"장제스는 항일을 반대한 적이 없다. 항일전쟁에 나설 수 있도록 함께 노력하자. 항일전쟁을 지휘할 사람은 장제스가 유일하다. 나는 장제스를 만날 기회가 많다. 볼 때마다 항일전쟁을 건의하겠다."

저우언라이는 이견이 없었다. 장쉐량은 만족했다. 무기 구입에 쓰라며 장쉐량은 은(銀) 2만 냥과 미화 20만 불을 건넸다. 헤어질 무렵 큰 상자를 저우언라이에게 내밀었다.

"홍군에게 꼭 필요한 귀한 물건이다. 내 입당 지원서로 알고 잘 간직해라."

상자를 열어본 저우언라이와 리커눙은 입이 벌어졌다. 최신 군사 지도가 들어 있었다. 저우언라이는 마오쩌둥·주더(朱德)·펑더화이(彭德懷)와 함께 장쉐량의 입당 문제를 논의했다. 시안의 장쉐량에게 '장쉐량 동지'로 시작되는 편지를 보낸 후 코민테른 측에 승인을 요청했다. 코민테른은 장쉐량의 입당을 허락하지 않았다.

"장쉐량은 국민당의 2인자다. 장제스와 함께 중국 홍군 최대의 적이다. 우리 정서로는 이해가 불가능하다."

마오쩌둥은 다시 장쉐량에게 편지를 보냈다. 서두만 '장쉐량 대인 각하'로 시작할 뿐, 내용은 먼저 보낸 것과 한 자도 다르지 않았다.

장제스의 정보기관은 눈뜬장님이 아니었다. 중앙군사위원회 조사 통계국장 다이리가 장쉐량이 비행기를 몰고 시안을 떠났던 사실을 장제스에게 보고했다.

서북군 지휘관 양후청. 1936년 12월 12일 밤,
장쉐량과 함께 시안사변을 주도했다.

"공산당과 접촉한 것이 분명합니다. 체포를 건의합니다."

그날 밤, 장제스는 쑹메이링의 침실을 찾았다. "장쉐량이 공산당과 손을 잡았다"며 쑹메이링의 눈치를 살폈다. 쑹메이링은 발끈했다.

"장쉐량 죽을 병 걸렸다"며 부인 앞에서 싱글벙글하는 장제스

인간은 지난 일들을 가공할 줄 안다. 없던 일들을 만들어내고, 엄연한 사실을 뭐가 뭔지 모르게 둔갑시키는 묘한 재주가 있다. 그래서 만물의 영장이다. 사실을 밝혀낼 줄도 안다. 다만 장쉐량과 쑹메이링, 장쉐량과 중국 공산당과의 관계는 예외였다. 당사자들이 일기와 서신, 구술 등을 남겼지만 궁금증을 풀어주기에는 부족했다. 세월이 흐르자 공산당과 무슨 일이 있었는지는 밝혀졌다. 그래도 먹는 것과 남녀관계를 가장 중요시 여기는 민족이다 보니 "도대체 쑹메이링과는 어떤 사이였느냐"는 문제만큼 관심을 끌지는 못했다. "남들은 알 필요도 없는 일"이고, 결정적인 증거도 남기지 않았지만, 추측이 가능한 흔적마저 지워버리지는 못했기 때문이다.

장쉐량의 연금생활은 1937년 1월 1일부터 시작됐다. 첫 번째 연금지는 장제스의 고향인 시커우(溪口)의 뒷산이었다. 쑹메이링은 장쉐량의 연금을 가볍게 생각했다. 장제스가 "저놈이 공산당과 내통하고, 나를 감금해 협박하리라고는 상상도 못했다. 죽는 날까지 다시는 보지 않겠다"고 할 때도 흘려들었다.

하루는 장제스가 싱글벙글했다. "장쉐량이 위장병에 걸렸다. 증세가 심해 죽을지도 모른다"며 어린애처럼 좋아했다. 한숨을 내쉰 쑹메이링은 상하이의 소문난 명의를 장쉐량의 연금지로 파견했다. 며

1948년 5월, 국민대표대회에 참석한 여성 대표들과
환담하는 쑹메이링. 국민당의 대륙 철수 직전이었지만
전혀 그런 기색을 드러내지 않았다.
장쉐량은 연금지를 타이완으로 옮긴 후였다.

타이완 생활에 익숙해진 장제스와 쑹메이링.
1950년대 중반. 장소 미상.

칠 후 인편에 편지도 보냈다.

"귀한 몸에 몹쓸 병균이 침투했다니 염려된다. 조만간 위원장과 함께 시커우에 가겠다. 봄바람 맞으며 자연을 즐기자."

시커우에 간 쑹메이링은 "장쉐량이 뒷산에 있다. 불러서 밥 한 끼하며 얘기라도 나누라"며 장제스를 졸랐다. 어쩌다 보니 원수지간이 됐지만 변덕이 심한 성격들이라 서로 마주하면 풀릴 것도 같았다. 장제스는 쑹메이링의 청을 거절하지 않았다. 배석했던 경호원 중 한 사람이 구술을 남겼다.

"장제스 위원장과 장쉐량은 오랜만에 만난 사람들처럼 반가워했다. 서로 음식을 권하며 시종일관 화기애애했다. 최고 지도자와 죄수의 만남이라는 생각이 들자 머리가 복잡했다. 부인이 아니었다면 성사될 수 없는 자리였다. 헤어질 무렵 위원장이 세상 일은 잊고 독서에 전념하라며 장쉐량의 등을 두드리자 부인의 안색이 변했다."

쑹메이링의 기대는 수포로 돌아갔다. 장제스는 쑹메이링이 끼고 돌건 말건 장쉐량의 연금을 풀어줄 생각이 손톱만큼도 없었다. 쑹메이링도 만만치 않았다. 장제스가 그러건 말건 장쉐량과의 관계는 변하지 않았다. 장제스는 더 대단했다. 쑹메이링이 장쉐량과 편지를 주고받건 말건, 자신의 그림을 남에게 줘본 적이 없는 쑹메이링이 몇 날 며칠 잠도 안 자며 그린 그림을 장쉐량에 보내건 말건, 장쉐량이 보낸 소동파(蘇東坡)의 필적 진본을 가는 곳마다 끼고 다니건 말건 개의치 않았다.

시안사변 22년 후인 1958년 11월 23일, 쑹메이링이 장제스와 장쉐량의 만남을 주선했다. 구전되는 얘기가 있다.

"노인이 된 두 사람은 별 말이 없었다. 한동안 마주보며 눈시울만 붉혔다. 쑹메이링이 자리를 뜬 후에도 분위기는 바뀌지 않았다. 장제스가 먼저 입을 열었다. 어느 시대건 정당의 합작은 불가능하다. 20여 년 전 시안에서 벌어졌던 일들은 당과 국가에 손실이 컸다며 한숨을 내쉬자 장쉐량도 고개를 떨궜다. 장제스는 독서에 더 매진하라는 말을 남기고 자리를 떴다. 문에 귀를 대고 얘기를 엿듣던 쑹메이링도 훌쩍거렸다."

장제스는 죽는 날까지 장쉐량의 연금을 풀어주지 않았다. 1975년 봄, 장제스가 세상을 떠났다. 쑹메이링은 장제스 집안과 모든 관계를 단절했다. 뉴욕에 거주하며 타이완 땅을 밟지 않았다. 장징궈마저 죽자 장쉐량의 연금을 풀어주기 위해 잠시 타이완을 찾았다. 2001년 10월 14일, 장쉐량이 하와이에서 세상을 떠났다. 뉴욕의 쑹메이링 저택에 기자들이 몰려들었다. 철수할 기미가 안 보이자 관리인이 모습을 드러냈다. 질문이 쏟아졌다.

"장쉐량 장군의 사망을 부인이 알고 있는지 궁금하다."

대답은 간단했다.

"부인은 『뉴욕타임스』를 거르는 법이 없다. 장군의 사망 소식을 보고 애통해했다. 거동이 불편해 영결식 참석은 불가능하다. 타이베이에 있는 구전푸(辜振甫, 해협교류기금회 타이완 측 대표. 타이완 4대 가문의 한 사람)에게 대신 참석해달라고 부탁했다."

당시 쑹메이링은 104세였다. 2년 후, 쑹메이링도 세상을 떠났다.

1949년 1월, 장제스가 하야(下野)하자
국민당 원로들이 장쉐량의 석방을 요구했다.
당 총재직을 유지하며 정보기관을 장악하고 있던 장제스는
장쉐량을 극비리에 타이완으로 이송했다.
폐허가 된 가오슝의 옛 일본군 포병기지에
연금돼 있는 장쉐량.

쑹메이링의 오빠 쑹쯔원(가운데 지팡이 짚고 있는
장제스 뒤쪽 선글라스 착용한 인물)은
대륙 시절 장쉐량의 가장 절친한 친구였다.
1963년 2월 함께 군사훈련을 참관하자는
장제스와 쑹메이링의 초청으로 타이완을 방문했지만
연금 중인 장쉐량을 면회한 후
일정을 취소하고 미국으로 돌아갔다.

혁명의 옥동자들 2

"황푸로 가자!"
전국의 괴짜들이 황푸로 몰려들었다.
북양군벌 우페이푸가 "황푸군관학교 응시생은
발각 즉시 총살해도 좋다"는 명령을 내릴 정도였다.
난세의 청년들이다 보니 열정이 대단했다.
자신과 조국의 미래, 심지어 민족의 미래가
양어깨에 달려 있다고 착각했다.

국 · 공합작과 황푸군관학교

> "국민당과 공산당의 뿌리는 같다. 양당의 대결은
> 황푸군관학교 출신들끼리의 싸움이었다."

홍색 · 남색 · 회색 용광로 황푸군관학교

잡교(雜交)를 거쳐 만들어진 동식물이 모본(母本)보다 우수하다는
것이 정설이다. 낯선 문화와 사상과의 접촉도 마찬가지다. 혼혈아가
총명하고 예쁜 것처럼 견문 넓은 사람은 생김새도 다르다. 고집과 신
념을 적절히 배합할 줄 알고, 말만 잘하는 엉터리들과 전문가를 식별
하는 안목이 탁월하다. 가끔 괴상한 사고도 치지만 결국은 남이 상상
도 못할 업적을 후세에 남긴다.

20세기 초반 광둥 성 광저우의 작은 섬에서 국민당과 공산당, 지방
군벌들까지 연합한 군사학교가 문을 열었다. 당시 중국에는 규모나
시설이 비슷한, 고만고만한 군사 교육기관이 많았다. 이 학교도 그냥
'육군군관학교'(陸軍軍官學校)였지만 흔히들 지역 이름을 본떠 '황
푸군관학교'(黃埔軍官學校)라고 불렀다.

황푸군관학교는 연합과 잡교의 결정체였다. 공산당의 홍색(紅色)
과 국민당의 남색(藍色), 군벌들의 회색(灰色)이 뒤섞여 만들어낸 금
색(金色)과도 같았다. 훗날 "국민당과 공산당의 뿌리는 같다. 양당의
대결은 황푸군관학교 출신들끼리의 싸움이었다"는 말이 나올 정도

로 국·공 양당의 군 지휘관과 정치 지도자들을 무더기로 배출했다. 교장 장제스와 정치부 주임 저우언라이를 비롯해 쉬샹첸(徐向前)·예젠잉·천경(陳賡, 6·25전쟁 참전군 부사령관 역임)·다이리·후쭝난(胡宗南)·린뱌오(林彪) 등 나이가 엇비슷한 그들은 교관과 생도로 뒤섞였다. 국민당 대리선전부장에 선출된 마오쩌둥은 생도 선발위원 중 한 사람이었다.

중국에 부는 러시아 바람

천하의 황푸군관학교는 시작부터 '국·공합작' 네 글자가 따라다녔다. 성립 과정이 복잡할 수밖에 없었다. 1917년 10월, 볼셰비키 혁명으로 소비에트 정권을 수립한 소련은 국제사회에서 고립됐다. 위기를 느낀 소비에트 정권은 제국주의의 능욕 대상이었던 인접 국가들과 제휴를 모색했다. 이듬해 7월 25일, '카라한 선언'을 발표했다.

"러시아 제국 시절 중국과 체결한 모든 불평등 조약을 파기하고 만주(滿洲)를 비롯한 모든 지역에서 취했던 이권을 일률적으로 포기한다."

종이 한 장에 불과한 선언서가 중국에 미친 영향은 기대 이상이었다. 중국인들은 한겨울에 불어온 훈풍처럼 눈물을 글썽이며 환호했다. 친소(親蘇) 바람이 대륙을 휩감았다. 대학마다 경쟁이라도 하듯이 러시아 학과와 관련 연구기관을 개설했다. 공산주의 소조(小組), 사회주의 연구사(硏究社), 마르크스주의 연구회 같은 단체들도 줄을 이었다.

1920년 3월, 소련 공산당은 '코민테른 원동국(遠東局) 서기처' 주석단 위원 중 한 사람인 보이딘스키를 중국에 파견했다. 상하이에서 진보적 지식인 천두슈(陳獨秀)를 만난 보이딘스키는 중국에 공산당 조직의 성립이 가능한지를 타진했다. 공산당 창당에 골몰하던 천두슈가 거절할 리가 없었다. 5월에 공산당 임시 중앙조직을 만들고 전국에 기층조직 건립을 서둘렀다. 보이딘스키는 천두슈의 민첩함에 경악했다. 어찌나 놀랐던지 레닌에게 "우리는 중국의 동정을 얻기 위해 노력할 필요가 없다. 혁명을 수출하는 편이 더 수월하다"는 보고서를 발송했다.

1921년 6월, 코민테른은 레닌이 추천한 네덜란드 출신 마린을 중국에 밀파했다. 우여곡절 끝에 상하이에 도착한 마린은 전국에서 온 13명의 대표와 함께 중국 공산당을 창당했다. 마린은 중공 성립의 주역이었지만 중공을 탐탁해하지 않았다. 오히려 보이딘스키와 천두슈의 조급증을 원망했다.

"중국 공산당은 학술단체지 정당이 아니다. 당원도 50~60명밖에 안 된다. 모였다 하면 말싸움으로 시간만 허비할 뿐 5개월이 지나도 결과물이 하나도 없다. 보이딘스키의 보고서가 만들어낸 조산아에 불과하다."

마린만 일방적으로 싫어한 것은 아니었다. 중공 초대 서기로 선출된 천두슈도 마린을 싫어하기는 마찬가지였다. 중공이 코민테른의 하부조직이 되기를 거부하고 자금 지원도 거절했다.

"우리는 그 누구에게도 코를 끌려갈 수 없다. 내가 서기를 그만둘지언정 코민테른이라는 모자를 쓰고 다닐 생각은 추호도 없다."

당원들은 마린을 두둔했다.

쑨원과 소련인 고문들.
마린은 공산당보다 쑨원이 주도하는
국민당에 더 호감을 느꼈고
쑨원도 마린과의 만남을 주저하지 않았다.

"마린이 아니었더라면 우리 당의 창당은 1~2년 후라야 가능했다. 어쩌면 더 많은 시간이 필요했을지도 모른다."

마린은 제 손으로 만든 공산당보다 쑨원이 주도하는 국민당에 더 호감을 느꼈다. 공산당은 공개활동이 불가능한 비밀정당이었지만 국민당은 달랐다. 전국적인 영향력을 갖춘 대정당이었다. 혁명의 역사도 유구했고 광둥과 광시 일대의 기반도 단단했다. 10만의 군사력뿐만 아니라 노동자와 시민들의 지지도 예상보다 높았다. 마린은 중공당원을 내세워 쑨원과의 접촉을 시도했다. 북벌을 준비 중이던 쑨원은 마린과의 만남을 주저하지 않았다. 남들 몰래 구이린에서 두 차례 만났다. 쑨원과 마주한 마린은 상하이의 공산당과 남방의 국민당을 비교했다. "공산당은 희망이 없다. 국민당이야말로 사회주의 정당"이라며 소련과의 연합을 전제로 대담한 제안을 했다.

"첫째, 국민당을 개조하고 사회 각 계층, 농민, 노동자와 연합하자. 둘째, 혁명기지가 필요하다. 군관학교를 만들자. 셋째, 공산당과 합당을 추진하자."

상하이로 돌아온 마린은 중공당원들에게 국민당 입당을 요구했다. 당원들의 반발이 한결같았다.

"국민당은 중증 환자다. 비적과 투기분자들의 집합처와 다를 게 없다. 타협을 좋아하고 내부 문제도 복잡하다."

마린은 중국을 떠났다. 새로운 사람을 물색하던 레닌은 마린보다 한 수 위인 보르딘을 파견했다.

'공산당 타도' 외친 국민당, 레닌 스타일 따라 당 건설

1988년 1월, 장징궈가 타이베이에서 세상을 떠났다. 장제스와 장징궈, 양대에 걸친 철권통치 시대가 막을 내렸다. 국민당은 신임 총통 리덩후이(李登輝)를 당 주석으로 선출했다. 한 정치평론가의 글이 눈길을 끌었다.

"그간 중국 국민당은 레닌의 당 건설 사상을 모델로 삼았다. 장징궈의 사망과 리덩후이의 출현은 레닌식 운영의 철저한 파기를 의미한다."

수십 년간 '공산당 타도'를 외치던 국민당이 레닌식 정당이었다는 말에 사람들은 경악했다. 60여 년간 쌓인 역사의 미세한 먼지를 걷어내자 윤곽이 드러났다.

1921년 5월, 광저우에서 비상대총통(非常大總統)에 취임한 쑨원의 꿈은 오로지 북벌이었다. 코민테른 대표 마린이 국·공이 합작해 북벌을 하자고 제안했지만 결단을 내리지 못했다. 미적거리기는 공산당도 마찬가지였다. 마린이 중국을 떠나자 국·공합작은 무산되는 듯했다. 쑨원도 사람이었다. 된통 얻어맞고 나서야 정신이 번쩍 들었다. 1922년 6월, 쑨원의 지지자였던 광둥 군벌 천중밍(陳炯明)의 군대가 쑨원의 거처를 공격했다. 구사일생, 광저우를 탈출한 쑨원은 망망대해를 떠돌았다. 급전을 받고 달려온 장제스의 도움으로 상하이에 겨우 안착했다. 절망에 빠진 쑨원은 공산당에게 손을 내밀었다. 비슷한 처지의 중공도 노(老)혁명가의 손길을 뿌리치지 않았다. 합작과 혁명군 양성에 머리를 맞댔다. 소련에도 "사람을 파견해달라"고 요청했다.

레닌의 특사 요페가 마린을 대동하고 광저우에 나타났다. 볼셰비키 후보 중앙위원과 베를린 주재 대표를 역임한 요페는 한때 레닌의 전권대표 자격으로 베이징의 북양정부와 담판을 벌인 적이 있었다. 외교관계 수립이 목적이었지만 북양정부는 외몽골에 주둔 중인 소련군 철수부터 요구했다. 최강의 군사력을 자랑하던 우페이푸(吳佩孚)에게 접근했을 때도 반응은 비슷했다. 요페의 보고를 받은 레닌은 우페이푸를 포기하지 않았다. 광저우에서 쑨원을 만난 요페는 중국 공산당에는 관심이 없었다. 소련의 입장을 설명하며 요페는 우페이푸를 거론했다. "소련은 중국을 침략할 의도가 없다. 외교관계가 회복되기를 바랄 뿐"이라며 군사력을 갖춘 우페이푸와의 연합을 권했다. "중앙정부의 대권을 장악하면 우페이푸를 고위직에 임명하기 바란다."

군사원조를 조건으로 중국에 공산주의를 선전해줄 것도 요구했다. 쑨원은 "공산주의와 소비에트 제도는 중국에 적합하지 않다"며 지지한다는 발언조차 하지 않았다. 레닌에게서 전권을 위임받은 요페는 국민당과 중공의 연합을 추진하는 것 외에는 대안이 없었다. 쑨원과 랴오중카이(廖仲愷)는 요페에게 혁명군을 양성하기 위한 소련의 지원을 끈질기게 요구했다. 랴오중카이의 아들인 전 중공 부주석 랴오청즈(廖承志)의 회고를 소개한다.

"상하이에서 광저우의 대원수부(大元帥府)로 돌아갈 날을 고대하던 쑨원의 사상에 변화의 조짐이 보이기 시작했다. 당에 충성스러운 군대가 없는 한 혁명은 성공할 수 없다며 소련 홍군의 건군

1924년 1월 광저우에서 열린 제1차 중국국민당 대표자 대회 모습.
공산당과의 합작과 황푸군관학교 설립안을 통과시켰다.

경험을 모방한 군관학교 설립을 결심했다."

쑨원을 정중히 협박하고 소련으로 간 장제스

요페는 쑨원과 공동전선을 발표했다. 골자는 군관학교 설립이었다. 그해 겨울, 쑨원은 중공당원들의 국민당 입당을 수락했다. 국민당과 소련이 정식으로 연맹을 결성하자 중공도 "공산당원이 개인 신분으로 국민당에 입당하는 것을 허락한다"는 결의안을 채택했다. 소련은 군사 전문가와 정치공작 전문가를 대거 광저우로 파견했다. 소련 군사학교의 경험을 익히기 위해 시찰단을 파견하고 싶다는 쑨원의 요청도 받아들였다. 쑨원은 "가장 능력 있는 사람을 모스크바로 보내겠다. 소련의 정치와 당 업무, 군사시설을 둘러보고, 소련 홍군의 경험을 토대로 건군에 착수하겠다"는 답신을 보냈다. 쑨원은 젊은 사람 중에서 시찰단 후보자를 물색했다. 시종일관 자신의 친(親)소련 정책에 반대하던 30대 초반의 장제스가 떠올랐다. 쑨원의 속을 알 리 없는 장제스는 기회를 놓치고 싶지 않았다. 쑨원에게 "10월 혁명에 성공한 소련을 둘러보고 싶다"는 편지를 보냈다. 정중한 협박도 잊지 않았다.

"제 소련행을 허락하시지 않는다면 스스로 갈 길을 찾겠습니다."

쑨원은 장제스에게 시찰단 단장의 중임을 맡겼다. 장제스의 3개월에 걸친 모스크바 체류 기간은 국·공합작의 옥동자 황푸군관학교의 잉태기였다. 비서와 두 명의 공산당원을 대동하고 모스크바에 도착한 장제스는 환대를 받았다. 암으로 죽을 날만 기다리던 레닌은 만나지 못했지만, 코민테른 집행위원회 주석 지노비예프와 함께 회의를 주재하고, 소련 홍군의 아버지 트로츠키에게서 무기와 경제적 지원을 아끼지 않겠다는 확답을 받아냈다. 러시아 혁명의 성공 원인을 분석한 일기도 남겼다.

"세 가지가 러시아 혁명을 성공으로 이끌었다. 첫째, 노동자가 혁명가들의 선동을 받아들였다. 둘째, 농민들이 동요하지 않았다. 셋째, 각 민족의 자치와 연방제를 수용했다."

특이한 점도 일기에 남겼다.

"아동교육이 엄격하고, 노동자들이 군대교육을 받아들인다. 국가가 작은 공장을 개인에게 임대해주는 것도 특이했다."

장제스는 모스크바에 와 있던 외국 혁명가들과도 친분을 쌓았다. 월남의 호찌민(胡志明)과 함께하는 시간이 많았다. 지노비예프의 소개로 중공 창당을 도왔던 보이딘스키와도 다섯 번 만났다. 보이딘스키는 공산당 입당을 권했다. 장제스는 "내가 온 목적은 군관학교 설립을 위한 것 외에는 없다"며 거절했다.

돌멩이 하나로 세 마리 토끼를 잡을 줄 알던 사람

"삼류 군벌 밑에서 노예 노릇은 못한다."

"장제스는 교양 겸비한 불량배"

운도 따라야 하지만, 일단은 내부투쟁에서 승리해야 큰일을 도모할 수 있다. 고금을 막론하고 역사에 남을 대형사건을 저지른 사람은 다들 그랬다.

북양군벌 시대에 종지부를 찍고 전국을 통일한 장제스의 권력기반은 황푸군관학교였다. 모스크바 시찰을 마치고 돌아온 장제스가 쑨원에게 고분고분했더라면 황푸군관학교 교장 자리는 다른 사람의 몫이었을 것이다. 운도 따랐다. 교장 취임 1년 후 랴오중카이와 쑨원이 5개월 간격으로 세상을 떠나지 않았더라면 장제스의 군권 장악은 불가능했다. 쑨원도 마찬가지였다. 평소 대수롭지 않게 보던 장제스가 아닌 다른 사람이 권좌에 올랐을 경우 국·공 양당으로부터 국부(國父)로 추앙받을 수 있었을지 의문이다.

장제스는 돌멩이 하나로 토끼 세 마리를 잡을 줄 아는 사람이었다. 1924년 1월, 쑨원은 소련에서 귀국한 장제스를 '육군군관학교 주비위원회 위원장'에 임명했다. 장제스는 '주비'(籌備)라는 말이 귀에 거슬렸다. 갓 살림을 차린 천제루(陳潔如)에게 불평을 늘어놨다.

쑨원과 랴오중카이 사후
황푸군관학교를 장악한 장제스.

"쑨원은 나를 시험대에 올려놨다. 학교 만드는 일만 시켜먹고 교장은 직접 할 생각이다. 당장 때려치우겠다."

국민당 내에서 장제스의 서열이 100위 안에도 못 들 때였다. 장제스는 사직서를 제출하고 광저우를 떠났다. 부인 천제루를 앞세워 상하이에 있던 장징장(張靜江)을 찾아가 씩씩거렸다.

"쑨원은 나를 종으로 안다. 내게 주비위원장을 맡기고 교장은 쉬충즈(許崇智)에게 맡길 심산이다. 나에게 부교장을 하라니, 삼류 군벌 밑에서 노예 노릇은 못한다."

쉬충즈는 지방군벌 출신이었다. 망명 시절 쑨원의 혁명자금을 도맡다시피 했던 혁명성인(革命聖人) 장징장은 경악했다. 장제스 부부와 장징장은 남다른 인연이 있었다. 장징장의 넷째 부인의 친구였던 천제루는 장징장과도 유별난 사이였다. 몇 년 전 장징장의 집에 놀러 온 장제스가 천제루를 보고는 "저 여자와 결혼을 하고 싶다"며 장징장을 졸라댔다. 천제루는 "도박과 화류계에서 헤매는 사람"이라며 장제스를 싫어했다. 장제스를 총애하던 장징장은 천제루를 달랬다.

"지금은 평화시대가 아니다. 장제스는 교양을 겸비한 불량배다. 난세에는 저런 사람이 큰일을 한다. 당장은 팔난봉꾼 소리를 듣지만 언젠가 엄청난 일을 할 테니 두고 봐라. 황제가 되고도 남을 재목감이다. 뭐를 줘도 아깝지 않다"며 천제루를 장제스의 방에 밀어넣었다.

상황을 파악한 장징장은 장제스를 안심시켰다.

"내가 쑨원과 담판을 하겠다. 일단 고향에 가 있어라."

장징장의 편지를 받은 쑨원은 난처했다. 군관학교 주비 임무를 최측근인 랴오중카이에게 맡긴 것이다. 쑨원의 의중을 파악한 랴오중카이는 장제스에게 전문을 보냈다.

"빨리 광저우로 복귀하기 바란다. 돌아오지 않으면 내가 중임을 맡을 수밖에 없다."

장징장의 노력이 주효했다고 판단한 장제스는 이제 군관학교 교장을 맡을 사람은 자신밖에 없다고 확신했다. 랴오중카이에게 짤막하고 정중한 답신을 보냈다.

"단 하루도 광저우의 일이 머리에서 떠난 적이 없습니다."

장제스는 시간을 끌었다. 초조해진 랴오중카이는 쑨원에게 하소연했다. 쑨원도 더 이상 지체할 수 없었다. 애초에 군관학교 교장감으로 지목했던 쉬충즈를 장제스의 고향에 파견했다. 장제스를 만난 쉬충즈는 속내를 털어놨다.

"나는 군관학교 교장 자리에 관심이 없다."

랴오중카이마저 떠나고 독무대를 차지한 장제스

숨통이 트인 장제스는 광저우로 복귀했다.

1924년 5월 3일, 쑨원은 정식으로 장제스를 황푸군관학교 교장 겸 대원수부 참모장에 임명했다. 랴오중카이에게는 군관학교의 당 대표를 맡기고 자신은 군관학교 총리직을 겸했다. 여기서 총리는 요즘의 대학교 이사장 정도로 보면 된다. 장제스의 학내 서열은 쑨원과 랴오중카이 다음이었지만, 쑨원은 인사권과 재정권을 달라는 장제스의 요구를 수락했다.

쑨원이 랴오중카이를 군관학교 당 대표에 임명한 것은 이유가 있었다. 랴오중카이는 국민당 좌파의 실질적인 대표였다. 무기와 경비

총리 시절 전국인민대표대회
상무위원장 둥비우(董必武, 왼쪽 첫째)와 함께
랴오중카이의 무덤을 찾은 저우언라이(오른쪽 둘째).
가운데 흰 양복 입은 사람은
랴오중카이의 아들 랴오청즈.

등 소련의 지원이 절실할 때였다.

랴오중카이는 겸손한 사람이었다. 연하의 장제스를 먼저 찾아와 머리를 숙였다.

"나는 여기저기 다니면서 돈만 구걸해오겠다. 집행은 네가 해라. 생도 교육에도 관여하지 않겠다. 네가 전담해라. 교관 선정도 네 몫이다. 나도 가끔 추천은 하겠지만 최종 결정은 네가 해라. 나는 서명만 하겠다."

실제로 랴오중카이는 그렇게 했다. 광저우의 자본가들을 찾아다니며 온갖 굴욕을 감수했고, 아편에 취해 있는 시골 군벌 앞에 무릎을 꿇고 무기와 탄약을 구걸해 장제스에게 갖다줬다. 생도들의 급식비를 위해 부인의 패물을 들고 전당포를 출입한 적도 한두 번이 아니었다. 일면식도 없던 저우언라이의 군관학교 정치부 주임 지원서에 군말 않고 서명한 장본인이기도 했다.

군관학교의 기틀이 잡혀갈 무렵 랴오중카이가 암살당했다. 쑨원마저 세상을 떠나자 황푸군관학교는 장제스의 독무대가 됐다.

20세기의 양산박

> "중국 혁명을 완수할 열혈 청년들을 기다린다.
> 우리 황푸로 가자."

"건강하고 건전한 청년들을 황푸로"

1924년 봄, 잡지『신청년』(新青年)에 황푸군관학교 학생모집 공고
가 큼지막하게 실렸다.

"광저우에서 15킬로미터 떨어진, 초목이 무성한 작은 섬이 중국
혁명을 완수할 열혈 청년들을 기다린다."

당시 청년들은『신청년』을 좋아했다. 발간되기가 무섭게 푼돈을
들고 서점에 달려가야 직성이 풀리는 청년들이 전국에 널려 있었다.

소련과 함께 군관학교 설립을 주도한 쑨원도 각 지역의 대표들에
게 "우수한 학생을 추천해달라"고 신신당부했다. 근거지가 남방이었
던 국민당은 북방에서 큰 힘을 쓰지 못했다. 그에 비해 미비하긴 했
지만 공산당은 북방과 남방에 조직이 산재해 있었다. 국민당에 뒤질
세라 전국의 당원들에게 통지문을 보냈다.

"건강하고 건전한 청년들을 선발해서 황푸로 보내라."

중국에 공산주의를 처음 소개한 리다자오(李大釗)는 베이징에서
학생들에게 황푸행을 권했다. 마오쩌둥이 털보라고 놀리던 중공 창
당 발기인 허수형(何叔衡)은 창사(長沙)에서, 청나라 말기 진사 출신

둥비우는 우한에서 학생들을 선발해 광저우로 보냈다. 후난(湖南) 청년 마오쩌둥도 상하이에서 쓸 만한 학생들에게 응시자격을 부여했다. 대(大)서예가인 전 정국군(靖國軍) 사령관 위유런은 지원자들이 광저우로 떠날 때 글씨를 한 폭씩 써주며 앞날을 격려했다.

그때나 지금이나 지구상에서 입소문이 가장 빠른 나라가 중국이다. 국·공 양당이 합세해 군관학교 학생을 모집한다는 소문이 금세 퍼졌다. "황푸로 가자!"(到黃埔去) 전국의 괴짜들이 황푸로 몰려들었다. 북양군벌 우페이푸가 "황푸군관학교 응시생은 발각 즉시 총살해도 좋다"는 명령을 내릴 정도였다. 난세의 청년들이다 보니 열정이 대단했다. 자신과 조국의 미래, 심지어 민족의 미래가 양어깨에 달려 있다고 착각했다. "신해혁명은 목표에 도달하지 못했다. 군벌들이 중국을 암흑세계로 몰아넣었다. 이들을 타도하지 않는 한 혁명은 요원하다"며 군벌들에게 모든 탓을 돌렸다.

갖가지 사연 안고 광저우로 몰려온 학생들

혁명의 성공이 새로운 군벌을 탄생시킬지도 모른다는 생각은 할 겨를도 없었다. 장차 대륙에 풍운을 몰고 올 괴짜들이 광저우로 몰려들었다. 사연도 가지가지였다. 산시 성 미즈(米脂)에서 중학을 갓 졸업한 두위밍(杜聿明, 1957년 노벨물리학상 수상자 양전닝의 장인)은 『신청년』에 실린 군관학교 설립 소식에 흥분했다. 아버지는 집안에 하나뿐인 아들을 군인으로 만들 수 없다며 창고에 가둬버렸다. 평소 두위밍만 보면 얼굴이 빨개지던 젊은 과부가 사다리를 들고 와 도와주지 않았더라면 훗날 국민혁명군 최초의 육군상장(上將, 우리의 대장에 해당)은 다른 사람 몫이었다.

사람은 가끔 자신을 돌아볼 필요가 있다. 허시(河西)의 시골 소학
교 교사 쉬샹첸(徐象謙)은 상한 돼지고기를 먹고 복통에 시달렸다.
밖에 있는 시간보다 화장실에 쭈그리고 앉아 있을 때가 더 많았다.
책이라도 보지 않으면 악취를 견디기 힘들었다. 하루는 엉덩이와 씨
름하며『신청년』을 뒤적거리다 우연히 군관학교 학생모집 기사를
읽었다. 몇 달 전 수업시간에 신해혁명과 파리강화회의를 소개했다
는 이유로 교장의 사퇴 압력이 심할 때였다. 쉬샹첸은 교장에게 사
직원 대신 똥물을 끼얹고 교단을 떠났다. 양자강을 건너는 배 안에서
소동파의 시를 읊조리던 중 "이제부터 무조건 미래를 향해 전진하겠
다"며 샹첸(向前)으로 개명했다. 상하이에 도착해 마오쩌둥 앞에서
예비시험을 치른 뒤 본시험에 응시하기 위해 광저우로 향했다.

예쁜 유부녀에게 "방앗간 뒤에서 만나자"는 편지를 보냈다가 마
을에서 쫓겨난 후베이(湖北) 소년 린뱌오는 갈 곳이 마땅치 않았다.
"군인이나 되겠다"며 형들과 함께 광저우행 열차를 탔다. 허난 성 상
취우(上丘)에 있는 허난대학 신입생 허우징루(侯鏡如)도 사연이 만
만치 않았다. 미모의 국어교사가 군관학교에 응시하라고 꼬드기는
바람에 대학생활을 포기했다.

철도 파업으로 명성이 자자하던 장인타오(張隱韜)와 일본 유학생
셴샤푸(宣俠父), 몽골의 부잣집 아들 룽야오셴(榮耀先)도 하던 일을
정리하고 남방의 작은 섬을 찾았다.

윈난군관학교를 마친 평안도 출신 최용건과 월남 청년 홍수이도
호찌민의 소개장을 들고 광저우에 첫발을 디뎠다.

1985년 6월 11일 베이징에서 열린 황푸군관학교 동창회에서
초대 회장에 선출된 쉬샹첸(오른쪽) 전 국방부장.
왼쪽은 당시 중앙 군사위원회 부주석 양상쿤(楊尙昆).
양상쿤은 3년 후 국가주석에 취임했다.

쑨원과 줄다리기 끝에 군관학교 교장 자리를 꿰찬 장제스도 자신을 환골탈태(換骨奪胎)시켰다. 일기에 금주(禁酒)·금연(禁煙)·금색(禁色)을 다짐했다. 금색은 실패했지만, 술과 담배는 죽는 날까지 입에 대지 않았다. 교장 취임 8개월간 46차에 걸쳐 학생과 교관들을 모아놓고 '군인의 의무와 책임, 혁명군의 신앙, 군인이 총을 소지하는 이유, 기율과 복종, 군인의 단체생활' 등을 직접 강의했다. 중공 원수 쉬샹첸의 회고에 따르면 종이 한 장 안 보고 동서고금을 넘나드는 교장의 강의에 학생들은 숨을 죽였다고 한다.

북벌전쟁 시절 현지 주민들과 어울려
기념촬영을 한 황푸군관학교의 학생병과 교관들.
1926년 무렵으로 추정된다.

홍색 황푸

"우리의 최종 목표는 중국의 통일이다."

정치부 초대 주임 다이지타오는 장제스의 절친한 친구

예외도 있지만, 동물들은 무리를 지어 몰려다닌다. 인간도 동물이
다 보니 어쩔 수 없다. 몇 명만 모여도 네 편, 내 편으로 편이 갈리기
마련이다. 황푸군관학교도 국·공 양당이 연합해서 만든 조직이라
금세 편이 갈렸다.

만약이라는 단서가 붙지만, 정치부 초대 주임 다이지타오(戴季陶)
가 황푸를 떠나지만 않았더라면 황푸군관학교는 분열하지 않았을
것이다. 다이지타오와 장제스는 청년 시절부터 보통 사이가 아니었
다. 취향도 비슷했다. 일본 유학 시절 쑨원의 심부름을 하던 일본 여
인과 다들 가깝게 지냈다. 허구한 날 셋이 몰려다니며 국수도 사먹고
남녀 혼탕도 함께 다녔다. 누가 제의했는지는 알 수 없지만, 방값도
줄일 겸 셋이 한 방에 살자고 해도 전혀 이상할 게 없는 사이로 발전
했다.

일본에서 귀국한 장제스와 다이지타오는 여기저기 기웃거리며 정
치건달 비슷한 생활을 했다. 일본 유학 시절 두 사람의 부인이나 다
름없던 여인이 아들을 안고 나타날 줄은 꿈에도 몰랐다. 여인은 아들

황푸군관학교 정치부 주임 시절의 다이지타오.
1924년 봄 광저우.
20여 년 후, 국민당의 패배가 확실해지자
"책임이 크다"며 자살로 삶을 마감했다.

황푸군관학교 교장 시절의 장제스.
오른쪽은 랴오중카이가 사망한 이후
군관학교 당 대표를 계승한 왕징웨이(汪精衛).

의 아버지가 다이지타오라고 주장했다. 다이지타오는 신혼이었다. 장제스는 "내 호적에 애 이름 한 줄 써넣으면 된다"며 친구를 안심시켰다. 그것도 말만 그렇게 한 게 아니라 실제로 행동에 옮겼다. 장제스의 차남 장웨이궈(蔣偉國)가 "친아버지가 누군지는 나도 정확히 모른다. 엄밀히 말해서 남들이 그렇다니까 그런가 보다 하는 거지, 아버지가 누군지 정확히 알고 태어난 사람이 있으면 나와보라고 해라. 나는 친아버지가 장제스건 다이지타오건 상관없다. 모두 자랑스러운 아버지들"이라며 뭇사람의 폭소를 자아낼 때까지 장웨이궈가 다이지타오의 아들일지도 모른다는 소문은 수십 년간 항간의 화젯거리였다.

군관학교 교장과 정치부 주임에 취임한 장제스와 다이지타오는 교양인의 모습으로 돌아갔다. 장제스는 원래 전통적인 사람으로 사제지간의 감정과 소통을 중요시했다. 1기생이었던 중공 원수 쉬샹첸의 회고에 따르면 매주 한 번씩 학생 10여 명과 단독 면담을 했다고 한다.

"장제스는 일본 유학 시절 관상술을 익힌 적이 있었다. 면담 방법이 특이했다. 꼿꼿이 앉아 학생이 하는 말을 들으며 얼굴을 관찰했다. 용모가 울퉁불퉁하되 단정해 보이고 눈이 반짝거리는 학생에게 호감을 느꼈다. 이런 학생들은 따로 관리했다."

1948년 후배 린뱌오에게 투항한 1기생 정둥궈(鄭洞國)도 말년에 장제스와의 첫 번째 면담을 회상했다.

"얼굴을 어찌나 뚫어지게 바라보는지 사람을 긴장시켰다. 교장은 고향 사투리가 심했다. 무슨 말인지 알아들을 수가 없어서 더 긴장했다. 몇 분에 불과했지만, 면담이 끝나면 온몸이 땀투성이였다."

장제스는 수시로 학생들을 불렀다. 졸업 후 임용에 참고하기 위해 사상과 취미, 장단점 등을 유심히 살폈다. 맘에 들고, 형편이 어려운 학생에게는 한 번에 목돈을 줬다. 액수가 놀랄 정도였다.

정치부 주임 꿰찬 저우언라이, 황푸에 붉은 물 주입

다이지타오는 군관학교가 적성에 맞지 않았다. 개교 한 달 만에 말 한마디 없이 자취를 감춰버렸다. 정치부 주임의 실종에 군관학교는 동요했다. "공산당이 국민당을 배제시키기 위해 다이지타오 주임을 납치했다"는 등 온갖 추측이 나돌았다.

다이지타오의 실종은 자의에 의한 행동이었다. 공산당과는 상관이 없었다. 다이지타오는 자신의 이론에 충실한 대논객이었다. 애들이나 부추기는 정치교육 따위에 관심이 없었다. 평소 "그간 원해서 한 일이 하나도 없다. 하고 싶었던 말을 못했고 쓰고 싶은 글을 쓰지 못했다"며 정치교육에 소극적이었다. 국·공합작을 반대하던 국민당 우파들에게 "공산당의 주구"라는 말을 들을 때마다 속이 끓었다.

다이지타오의 빈자리를 프랑스에서 돌아온 저우언라이가 차지했다. 파리에서 소년 공산당 창립을 주도했던 저우언라이는 학생들의 정치교육에 관심을 기울였다. 진보적인 학생들을 선발해 마르크스주의를 선전했다. 저우언라이는 부지런하고 매력이 있었다. 국민당에서 파견 나온 교관들에게도 환영을 받았다. 국민당 좌파와 왕래가

황푸군관학교는 국·공합작의
산실이었다. 프랑스 파리에서
소년공산당을 창당한 저우언라이도
정치부 주임으로 장제스를 보좌했다.
황푸 시절 국민당 군복을 착용한
저우언라이.

잦다는 이유로 "정치에 너무 관심을 갖지 말라"는 경고를 받은 예젠 잉도 저우언라이의 영향으로 서서히 붉게 물들어갔다. 군관학교 내에 지부를 만들어도 될 정도로 공산당원 숫자가 증가했다.

다이지타오는 상하이의 서재에 틀어박혔다. 반공이론을 집대성한 '다이지타오주의'(戴季陶主義)의 체계가 잡히자 다시 광저우로 돌아왔다. 중산대학(中山大學) 총장에 취임한 후 틈만 나면 황푸를 찾아가 학생들에게 강의하며 우파 학생들을 상대로 학회를 조직했지만 저우언라이보다 한발 늦었다.

분열하는 황푸군관학교

공동의 목표를 향해 두 집단이 연합하면 재미있는 현상이 벌어진다. 밀월기는 잠깐이고 뭔가 될 듯하면 분열 조짐이 일어난다. 다 틀렸다는 생각이 들 때도 마찬가지다. 서로 상대방 탓하며 목에 힘줄을 세운다. 무장집단일 경우 피비린내가 진동할 수밖에 없다. 이유도 그럴듯하고 명분도 그럴듯하지만 무슨 영문인지 모르는 백성만 골병이 든다.

황푸군관학교도 설립 초기에는 편이 갈리지 않았다. 국민당과 공산당의 추천을 받고 입학한 학생들이었지만 네 편 내 편 따지며 몰려다니지 않았다. 레닌이 광저우에 파견한 국민당 최고 고문 보르딘의 조수였던 장타이레이(張太雷)의 부인 왕이즈(王一知)는 그때의 상황을 누구보다 잘 알았다. 1991년 상하이의 한 병원에서 당시를 회상했다.

"교장 장제스는 학내의 공산당원들과 별 탈 없이 잘 지냈다. 장타이레이와 저우언라이 등 공산당원들과 자주 어울리며 가끔 춤도 췄다. 보르딘의 측근이었던 황푸 출신 공산당원 중에는 장제스가 아끼는 제자들이 많았다. 이 청년 장교들은 틈만 나면 장제스의 집을 출입했다. 장제스의 부인 천제루가 해주는 밥을 먹고 때로는 시장도 따라다녔다. 저우언라이는 천제루가 무거운 물건이라도 들고 가면 달려가곤 했다. 장제스 부부와 저우언라이가 풀밭에 나란히 앉아 얘기 나누는 모습을 먼발치에서 본 적이 있다. 한 폭의 수채화 같았다. 이랬던 사람들끼리 훗날 사생결단을 벌였다. 정치가 뭐고, 권력이 뭔지 지금 생각하면 끔찍하다. 나도 현장에 있었지만 왜들 그랬는지 이해가 안 된다. 그때는 그런 시대였다는 말 외에는 달리 표현할 방법이 없다."

문제는 저우언라이였다. 정치부 주임 저우언라이는 친화력이 남다른 타고난 선동가였다. 취임과 동시에 '중공 특별지부'를 출범시키고 당원들을 끌어모았다. 학생·교관을 가리지 않고 출신성분도 따지지 않았다. 순식간에 전체 학생의 30퍼센트가 공산당 입당을 자원했다.

군관학교의 국민당원과 공산당원은 조직체도 결성했다. 국민당원 중에서 반공을 주장하는 학생들이 '쑨원주의학회'(孫文主義學會)를 만들어 회원들을 끌어모으자 공산당도 '청년군인연합회'를 선보였다. 쑨원주의학회는 훗날의 국민당 부총재 천청(陳誠)의 지도를 받았다. 국·공내전 시절 쑨원주의학회는 공산당 근거지 옌안을 점령한 후쭝난과 황푸 최고의 미남 장링푸(張靈甫) 등이 주도했고, 청년 군인연합회는 저우언라이에게 홀린, 뒷날 중국 홍군의 맹장들이 주축을 이뤘다.

공작의 달인 저우언라이 믿었다가 인생 바뀐 장제스

편이 갈린 학생들은 학내에서 격렬한 투쟁을 벌였다. 밥 먹다 말고 밥그릇을 집어 던지는가 하면, 몽둥이까지 동원해 난투극을 벌이는 경우가 허다했다. 말이 좋아 상아탑이지 세상사에 무관심한 상아탑과는 거리가 멀었다. 그래도 특징은 있었다. 훈련받을 때나 지방 군벌들과의 전쟁터에서는 전우애를 발휘했다.

광둥 지역 군벌들과의 전쟁에서 저우언라이의 정치공작은 빛을 발했다. 출동 직전 지역 방언에 능한 학생 20여 명을 선발해 '무장선전대'(武裝宣傳隊)를 꾸렸다. 선전대원들은 군대가 지나갈 마을에 표어를 붙이고 전단을 살포했다. 어린애들에게 눈깔사탕을 나눠주며 "열강 타도, 군벌 제거"로 시작되는 국민혁명가를 가르쳤다. 해가 지면 모닥불 앞에 마을 주민을 모아놓고 군벌과 전쟁을 해야 하는 이유를 설명했다. 최종 목표가 중국의 통일이라고 하면 박수갈채가 터졌다.

정치부는 적군 병사들에게 보내는 포고문도 준비했다. 비행기를 이용해 적진지 상공에서 살포했다. 문맹자들이 많다며 반대 의견도 있었지만 "볼 사람은 본다"는 저우언라이의 고집을 꺾지 못했다. 선전대가 지나간 지역에 도착한 황푸의 학생병들은 민중공작을 소홀히 하지 않았다. 현지의 농민협회와 학생회, 교직원 연합회 조직에 힘을 보태고 다음 지역으로 이동했다. 중국 역사상 이런 군대는 처음

거리에서 밥을 먹는 황푸군관학교 학생병들.
1925년 1월 광저우 인근.

이었다. 훗날 마오쩌둥도 높은 점수를 줬다.

　"국민당은 황푸군관학교에 당 대표를 두고 정치부를 설립했다. 이런 제도는 군대의 면목을 일신시켰다."

　정치교육을 받은 황푸의 학생병들은 젊고 당당했다. 부녀자를 희롱한다거나 술값이나 밥값을 떼먹는 등 명예를 실추시키는 행동은 하지 않았다. 후배들에게도 엄했다. 훈련은 혹독하게 시킬지언정 구타는 상상도 못했다. 저우언라이는 광둥 지역 군벌과의 전쟁에서 정치공작으로 명성을 얻었다. 군관학교의 군사관제법 판공실과 자신의 직계들로 구성된 국민혁명군 제1군의 정치부를 통째로 맡겨버렸다. 이런 저우언라이를 장제스도 신임했다.

작은 거인의 서북 평정

"혁명은 청년들에게 주어진 의무다.
키가 혁명과 무슨 상관이냐."

시골 노총각 교사 후쭝난, 황푸군관학교에 지원하다

수천 년간, 중국은 황제 밑에 왕들이 많았다. 인간 세상은 연극 무
대와 다르다. 막이 바뀐다고 해서 순식간에 새로운 정경이 펼쳐지지
않는다. 혁명으로 공화제가 실시된 후에도 사람들의 의식은 변하지
않았다. 왕이라는 직제는 없어졌지만, 지방에 할거하는 군벌들을 여
전히 왕이라고 불렀다. 국민정부 시대에도 여전했다. 윈난 성 주석
룽윈(龍雲)은 윈난 왕, 동북 보안사령관 장쉐량은 동북왕, 마부팡(馬
步芳)은 칭하이(靑海) 왕, 중국 역사상 최대 규모의 특무 조직인 군사
위원회 조사통계국을 이끌었던 특공(特工)왕 다이리 외에도 산시 왕
옌시산 등 한둘이 아니었다. 실제로 이들의 권한과 권력은 봉건시대
의 왕과 다를 게 없었다. 통치지역 주민과 관원들의 생사여탈권을 남
과 나누지 않았다. 중공 정권 수립 후에도 마오쩌둥은 동북군구사령
관 가오강(高崗)을 대놓고 동북왕이라고 불렀다.

왕 소리를 들으려면 황제의 신임이 두텁거나 황제도 어쩌지 못할
힘을 보유해야 했다. 대륙 시절, 황푸군관학교도 자타가 인정하는 왕
을 몇 명 배출했다. 남들이 서북(西北)왕이라 부르던 후쭝난도 그중

후쭝난은 황푸 출신 중에서 진급이 제일 빨랐고,
가장 많은 병력을 지휘했다. 연도 미상.

한 사람이다. 후쭝난은 저장(浙江)의 작은 약방주인 아들로 태어났다. 하루 두 끼가 고작이었지만 공부 하나만은 잘했다. 중학교 졸업 후 간판만 학교지 학교 축에도 못 드는 소학교에서 국어와 역사·지리를 가르쳤다. "나도 잘 모르는 것을 애들에게 가르치다 보니, 세상에 도둑놈도 이런 도둑놈이 없다는 생각이 들었다"는 일기를 남긴 것을 보면 양심적인 교사였다. "나는 행운아였다. 어릴 때 아버지에게 회초리 맞으며 고문(古文)을 익혔다. 학생들에게 죄를 짓고 있다는 생각을 덜기 위해 고전을 끼고 살았다. 천하대사가 이해되기 시작하자 어떤 부잣집 아들도 부럽지 않았다"는 일기도 남겼다.

1921년 여름휴가 때 후쭝난은 친구들과 함께 베이징과 톈진 지역을 여행했다. 산하이관에 이르렀을 때 10년 후 일본과 전쟁이 벌어질 것이 분명하다고 친구들에게 단언했다. 1931년 9월 18일, 일본 관동군이 동북을 침략하자 친구들은 10년 전 후쭝난의 통찰력에 감탄했다. 황푸군관학교 시절에도 후쭝난의 별명은 '예언자'였다.

군관학교 학생모집 공고를 본 후쭝난은 교사 생활을 청산했다. 친구에게 "도둑놈들 소굴에서 벗어난 것 같다"는 편지를 남겼다. 예비고사 격인 초시(初試)를 치르기 위해 상하이로 갔다. 몇 년 후, 숙적(宿敵)이 될 시험관 마오쩌둥은 대범했다. 몇 마디 물어보고 난 뒤 2차 시험 응시자격증과 광저우까지 갈 여비를 찔러줬다.

'서북왕' 후쭝난, 키 작아 황푸군관학교 쫓겨날 뻔

광저우의 2차 시험은 응시자격 심사였다. 18세 이상 25세 미만으로 키는 165센티미터 이상이라야 응시가 가능했다. 규정대로라면,

키가 160센티미터도 안 되는 29세의 시골 노총각 후쭝난은 응시자
격조차 없었다. 그래도 체력 테스트는 받았다. 달리기를 하던 후쭝난
은 키가 워낙 작다 보니 금세 눈에 들어왔다. 감독관은 후쭝난을 대
열에서 끌어냈다.

"너는 근본적으로 군인의 재목이 아니다. 응시자격을 취소한다. 고
향으로 돌아가라."

후쭝난은 자존심이 상해 감독관의 얼굴을 째려봤다. 융통성이라곤
손톱만큼도 없어 보였다. 다른 이유라면 몰라도, 신체조건 때문에 모
욕을 당하다 보니 저도 모르게 눈물이 나왔다. 땅에 주저앉아 방성대
곡을 하더니 울기를 마치자 대들었다.

"나를 국민혁명에 참여시키지 않겠다는 이유를 대라. 혁명은 청년
들에게 주어진 의무다. 키가 혁명과 무슨 상관이냐. 나폴레옹은 나보
다 키가 작았다. 쑨원 선생도 168센티미터밖에 안 된다. 당 대표 랴
오중카이 선생도 나만큼 작다. 쑨원 선생의 주장이 실현되지 못하는
이유를 이제야 알겠다. 너 같은 것들이 나라에 보답하려는 열혈청년
들을 가로막기 때문이다."

방안에서 듣고만 있던 랴오중카이가 문을 열고 나와 후쭝난을 바
라보며 큰 소리로 외쳤다.

"대표 자격으로 너의 응시자격을 비준한다."

이어서 글씨 한 폭을 써서 후쭝난에게 주었다.

"국민혁명은 인재를 요구한다. 성적이 좋고 신체가 건강하면 키가
좀 작아도 응시자격을 주는 것이 마땅하다."

1개월 후 후쭝난은 황푸군관학교 1기생 합격 통지서를 받았다. 랴

1947년 3월 국민당 중앙군을 이끌고
공산당 근거지 옌안을 점령한 후쭝난(가운데).

오중카이는 훗날 왜소한 후쭝난의 어깨에 국민당 최고 계급인 상장 계급장이 부착되리라곤 상상도 못했다.

후쭝난은 여자문제로도 많은 일화를 남겼다. 다이리의 정부로 알려진 여인 예사디에게 반해 20년을 한결같이 따라다녔다. 52세 때 겨우 결혼에 성공했다.

좌우 사이 줄타는 후쭝난, 국·공 양당 물밑에서 영입 작전

사관학교의 경우, 후배는 있어도 선배는 없는 1기생 중에 걸물들이 많다. 황푸군관학교도 예외가 아니다. 황푸 3걸 장셴윈(蔣先雲), 허중한(賀衷寒), 천경도 1기생이었다. 공산당원 장셴윈은 교장 장제스가 가장 총애하던 학생이었다. 수석으로 입학했고 졸업도 1등으로 했다. 25세 때 동북군과의 전투에서 사망하자 장제스는 "문무를 겸비한 대장군감을 잃었다"며 며칠간 식음을 전폐할 정도였다. 허중한은 언변이 뛰어나고, 천경은 행동이 민첩했다. 훗날 국민당군 최대의 병력을 거느리게 되는 후쭝난은 학생 시절 기회주의자, 좋게 말하면 신중하기로 유명했다.

능력이 있어도 운이 따르지 않으면 되는 일이 없다. 군인들은 민간인들보다 더하다. 후쭝난은 운이 좋았다. 입학시험 날 시험관에게 대든 것이 당 대표 랴오중카이에게 깊은 인상을 심어준 덕분에 군관학교 상층부와 접촉할 기회가 많았다. 랴오중카이의 집무실을 자주 드나들다 보니 툭하면 장제스와 마주쳤다. 장제스는 동향의식이 강해 같은 저장 출신인 후쭝난을 남다르게 대했다. 당시 국·공 양당의 합작은 말뿐이었다. 뒤로는 각자의 세력을 확충하느라 정신이 없었다.

황푸군관학교도 온전할 리 없었다. 공산당은 좌파조직인 중국청년 군인연합회와 장제스를 지지했지만, 장제스는 우파조직인 쑨원주의 학회를 뒤에서 후원했다. 장제스는 황푸군관학교 교육장인 일본 육사 동기생을 통해 후쭝난에게 국민당 입당을 권했다. 후쭝난은 자신의 운명을 결정할 일에 경거망동하지 않았다. "교장의 뜻이라면 그렇게 하겠다"며 순순히 응했지만 적극적이지는 않았다. 쑨원주의학회 행사에도 잠시 나타났다가 흔적도 없이 사라지기 일쑤였다. 국민당 우파 측에서 기회주의자라며 온갖 험담을 퍼부어대도 대꾸하지 않았다.

군관학교 내에 같은 고향 사람은 장제스 하나가 아니었다. 중공 초기 당원인 학교 위병사령관 후궁몐(胡公冕, 신해혁명의 원로. 6 · 25 전쟁 시절 평양을 여러 차례 다녀갔다)도 후쭝난과 동향이었다. 후궁몐은 후쭝난에게 연극반 가입을 권했다. 후쭝난은 연극반 활동에 재미를 붙였다. 연기도 제법이었다. 연극반을 지도하던 저우언라이는 후쭝난을 뺏어오기로 작정하고 장센윈과 천겅을 파견했다. 두 사람을 만난 후쭝난은 속내를 털어놨다.

"나는 가난한 집안 출신이다. 공산주의가 체질에 맞는다. 현재 군대와 경제는 국민당 수중에 있다. 군대는 돈이 없으면 지탱할 수 없다. 공산당의 주장은 나무랄 데가 없다. 단, 실현 가능성은 미지수다. 나는 군복을 입고 죽는 것이 소원이다. 국민당이건 공산당이건 상관없다. 군대를 유지할 수 있는 정당, 내가 명예롭게 죽을 자리를 마련해줄 수 있는 정당이 어딘지 관망 중이다."

청년 시절의 후쭝난. 1927년 봄 항저우.

국민당은 허중한에게 후쭝난을 설득하게 했다. 말 잘하기로 소문
난 허중한은 기회를 엿봤다. 광둥 군벌과의 전쟁터에서 후쭝난의 거
처를 찾아가 설득했다.

"사람들은 네가 공산당원이라고 의심한다. 군대에서 죽을 곳을
찾으려면 국·공 양당 중 어느 곳과 함께할지 태도를 분명히 해야
한다. 잘 알겠지만 현재 상황은 공산당에 불리하다. 내일 다시 오
겠다. 확답을 주기 바란다."

이튿날 허중한이 술 한 병과 삶은 돼지고기를 들고 나타났다. 후쭝
난은 국민당 입당을 약속했다. 후쭝난의 일거일동을 보고받은 장제
스는 흡족해했다. 하루는 두 사람 사이를 더 끈끈하게 만들 일이 발
생했다. 광저우 시내의 군관학교 연락사무소로 향하던 장제스의 승
용차 발동이 꺼졌다. 다른 차를 이용하는 수밖에 없었다. 수리를 마
친 자동차가 뒤따라오다 습격을 당했다. 장제스는 긴장했다. 헐레벌
떡 달려오는 후쭝난을 발견하자 왜 왔느냐고 물었다. 땀으로 범벅이
된 후쭝난은 숨이 가빠 대답도 제대로 못했다.
"교장을 지키러 왔습니다. 교장의 안전을 위해 분골쇄신하겠습니
다. 떠나라고 하셔도 가지 않겠습니다."
이날 이후 장제스는 후쭝난을 대놓고 신임했다.
장제스가 정권을 잡자 후쭝난은 승승장구했다. 군관학교 출신 중
에서 사단장과 군단장, 군 사령관을 제일 먼저 역임하며 자신의 계파
를 형성했다. 후쭝난은 장제스 부부의 말이라면 물불을 가리지 않았

지만 쿵링쥔(孔令俊)과의 결혼 요구만은 거절했다. '민국괴물' 쿵링
쥔은 그 유명한 쿵샹시(孔祥熙)의 둘째 딸이었다.

후쭝난 공산당 간첩설

중국은 복잡한 나라다. 알다가도 모를 일이 한두 가지가 아니다.
한동안 황푸군관학교가 배출한 국민당군의 최고위 지휘관이었던 후
쭝난이 중공의 간첩이었다는 설이 난무했다. 비서가 간첩으로 밝혀
지는 바람에 의혹에서 비켜나는 듯했지만, 아니라고 입증할 방법이
없다 보니 잊을 만하면 다시 얘기가 나올 정도로 여전히 진행형이다.
어디에서 봤는지는 가물가물하지만, 중국 총리 저우언라이가 후쭝
난을 평한 글을 본 적이 있다.

"국민당 장군 중에서 가장 우수한 지휘관을 한 사람만 꼽으라면
후쭝난 외에는 딱히 떠오르는 인물이 없다. 황푸군관학교 정치부
주임 시절 후쭝난은 정말 탐나는 인재였다. 공산당 입당은 거부했
지만 내가 지도하던 연극반에는 거의 빠지지 않고 나왔다. 연기력
도 뛰어났다. 나는 학생들 중에 공산당원의 명단을 제출하라는 장
제스의 요구를 거부했다. 좌파 학생들에게 철퇴를 가하자 황푸를
떠났다. 장제스의 눈치를 보느라 배웅 나온 학생들이 좌우를 통틀
어 한 명도 없었다. 내가 탄 쪽배가 섬과 육지의 절반쯤 왔을 무렵
부두에 헐레벌떡 달려와 손을 흔드는 생도가 눈에 들어왔다. 한눈
에 후쭝난인 것을 알 수 있었다. 나도 벌떡 일어나 손을 흔들어댔
다. 연신 눈물 닦는 모습을 보자 나도 모르게 눈물이 나왔다."

이런 말도 남겼다.

"장제스를 따라 타이완으로 건너간 사람들 중에는 우리가 고마워 해야 할 사람이 한둘이 아니다. 국민당 고관도 한 사람 있다."

누구라고 지칭은 안 했지만, 저우언라이의 이 말을 계기로 그 고관이 누구인지 온갖 추측이 난무했다. 후쭝난의 이름도 빠지지 않았다. 그중 하나만 소개한다.

"후쭝난은 국민당군에 잠입한 공산당의 간첩이었다. 국·공내전이 한창일 무렵 가장 강력했던 중앙군을 지휘한 서북의 왕이었지만 전쟁에 적극적이지 않았다. 간첩이 아니었다면 신무기로 무장한 50만 병력이 순식간에 흔적도 없이 와해된 이유가 뭔지 이해할 방법이 없다."

'총잡이' 쿵링쥔, 이모 쑹메이링 빼닮아 주변에서 쑥덕

후쭝난이 맘만 먹으면 결혼할 수 있었던 재신(財神) 쿵샹시의 딸 쿵링쥔과 쑹메이링의 관계도 영원히 미궁에서 헤어날 방법이 없어 보인다. 그래서 얘깃거리가 된다.

여자가 권력을 행사하다 보면 온갖 구설수가 따르기 마련이다. 장제스의 마지막 부인 쑹메이링도 마찬가지였다. 쑹메이링은 평생 친자녀가 없었다. 장제스의 전 부인 소생인 장징궈와 다이지타오의 아들 장웨이궈가 친아들이나 다름없다고 말했지만 혈육은 아니었다. 그래서 그런지 큰언니 쑹아이링(宋藹齡)의 네 자녀를 친자식처럼 여겼다. 그럴 만한 이유가 있었다. 간접적이긴 하지만 혈연관계가 있었

쑹메이링의 친정 조카 쿵링쥔(왼쪽 둘째)은
장제스 부부의 총애를 받았다.
남자 복장에 여성 첩을 여럿 거느리며
총 쏘기와 자동차 경주를 즐겼다.
가는 곳마다 쿠바산 시가를 물고 다녔다.

고 큰 형부 쿵샹시는 남편 장제스에게 충성심이 강했다. 그러다 보니 친정 조카들과 정치적 이해관계에 얽매일 일이 없었다. 대신 남편과 충돌이 빈번하던 친정 오빠 쑹쯔원의 딸들과는 소원했다. 둘째 언니 칭링도 쑨원과의 사이에 소생이 없었다. 쑹메이링은 큰언니의 둘째 딸 쿵링쥔을 예뻐했다. 이틀만 보이지 않으면 안절부절못했다. 관계도 친모녀지간 이상이었다. 쑹메이링이 장제스를 만나기 전에 사귄 남자 사이에서 태어난 딸이 분명하다고 쑤군대는 사람이 있을 정도였다.

"쿵씨 집안의 형제·자매들은 아버지 쿵샹시를 닮아 뚱뚱하고 키가 컸다. 쿵링쥔만 체격이 왜소하고 삐쩍 말랐다. 아버지 쿵샹시와 엄마 쑹아이링의 결점만 모아놓은 것 같지만 자세히 보면 막내 이모 쑹메이링을 더 닮았다."

쿵링쥔은 유아독존(唯我獨尊)에 안하무인(眼下無人)으로 말과 행동을 함부로 했다. 열두 살 때부터 남장을 하고 툭하면 권총을 빼들었다.

생긴 것도 남잔지 여잔지, 자웅(雌雄)을 구분하기 힘들었다. 쿵링쥔은 상대가 경찰이건, 고관의 아들이건 상관하지 않았다. 어찌나 난폭했던지 "밖에 나가면 조심해라. 재수 없어서 쿵링쥔과 부딪치기라도 하는 날은 큰코다친다"는 말이 상류사회에 떠돌았다. 과속 운전을 제지하는 경찰을 쏴죽이고 원난 군벌의 셋째 아들과 공원에서 한 차례 총격전을 주고받은 일이 있다 보니 그런 말이 나올 만도 했다.

쿵링쥔이 결혼 적령기에 이르자 쑹메이링은 남편감을 물색했다. 후쭝난이 혼자인 것을 알고 국민당 조직부장 천리푸(陳立夫)를 중간에 내세웠다. 홍군 섬멸작전을 지휘하기 위해 시안에 주둔 중이던 후쫑난은 아연실색(啞然失色), 지혜를 짜냈다. 쿵링쮠을 시안으로 초청하여 황푸군관학교 연극반 시절의 연기력을 원 없이 발휘했다.

장제스, 생명 은인 쿵링쮠이 무슨 일 해도 '오냐오냐'

쿵링쮠은 어릴 때부터 남자를 싫어했다. 여자들하고만 어울렸다. 취미도 유별났다. 초등학생 시절, 로마의 검투사들에 관한 책을 읽고 흉내를 냈다. 같은 반 남자애들끼리 싸움을 시키고, 이긴 사람에게 상금을 줬다. 열두 살 때부터 남장을 하고 열세 살 때 자동차 운전과 총 쏘는 법을 익히면서 성격이 포악해졌다. 경찰을 권총으로 쏴죽인 적도 있었다. 이 때문에 파업을 선언한 경찰관들이 아버지 쿵샹시의 집을 에워싸고 항의해도 눈 하나 깜짝하지 않았다. 악행을 막을 사람은 친엄마나 다름없는 이모 쑹메이링밖에 없었지만, 쑹메이링은 쿵링쮠이 하는 일이라면 뭐든지 예뻐했다. 이모부 장제스도 쿵링쮠에게만은 관대했다. 이유가 있었다.

중·일전쟁 초기, 장제스와 쑹메이링이 쿵링쮠을 데리고 부상병 위문을 나간 적이 있었다. 중도에 쿵링쮠이 차를 갈아타자고 고집을 부렸다.

"우리가 탄 두 번째 차가 맘에 들지 않는다. 경호원들이 탄 다섯 번째 차로 바꿔 타자."

쑹메이링이 아무리 말려도 듣지 않았다. 계속 우겨대던 쿵링쮠이 차 문을 열고 뛰어내릴 태세를 취하자 잠자코 있던 장제스가 차를 세우라고 지시했다. 차에서 내린 쿵링쮠은 쑹메이링과 장제스의 손을

후쭝난은 장제스 부부의 말이라면
물불을 가리지 않았지만 쿵링쥔(맨 왼쪽)과의
결혼 요구만은 거절했다.

끌고 다섯 번째 차로 향했다. 다시 얼마쯤 달렸을까. 상공에 적기가 나타났다. 순식간에 두 번째 차가 화염에 휩싸였다. 이날을 계기로 장제스도 쿵링쥔이 뭘 하건 내버려뒀다. 각료들 뺨을 후려갈기건 말건, 부모 믿고 우쭐대는 고관 집 자식들 면상에 침을 뱉건 말건 나무라는 법이 없었다.

쿵링쥔의 행각은 '비행기 사건'으로 절정에 달했다. 1941년 12월 7일, 일본 연합함대가 진주만을 불바다로 만들었다. 전화(戰火)가 동남아 중부와 남태평양 지역까지 확대됐다. 홍콩이 일본군의 수중에 넘어갈 기미가 보이자 장제스는 의무를 게을리하지 않았다. 당시 홍콩에는 상하이가 일본군에 함락되자 피란 가 있던 저명인사들이 많았다. 이들을 전시 수도 충칭(重慶)으로 이동시키기 위해 전용기를 홍콩으로 보냈다.

구출할 사람의 명단도 장제스가 직접 작성했다. 평소 자신을 호되게 비판하던 『대공보』(大公報)의 원로기자 후정즈(胡政之)도 명단에서 빠뜨리지 않았다. 비행기가 충칭에 도착하는 날 마중 나갔던 사람들은 쿵샹시 집안의 보모들이 물건 보따리를 들고 내리자 깜짝 놀랐다. 맨 마지막에 쿵링쥔이 애견 열일곱 마리와 함께 내리자 다들 제 눈을 의심했다. 기다리던 사람은 단 한 명도 보이지 않았다. 『대공보』가 이 사실을 보도하자 여론이 들끓었다. 연일 학생 시위가 벌어지고 거리마다 쿵씨 일가를 비난하는 전단이 굴러다녔다. 쿤밍(昆明)의 서남연합대학 학생들이 '쿵씨 일가 타도위원회'를 발족시키자 전국의 대학들이 호응했다.

쿵샹시와 쑹아이링 부부는 거금을 풀었다. 사람들을 동원해 전국에 나돌던 『대공보』를 닥치는 대로 사들였다. 장제스도 수습에 나서 언론기관을 관할하던 교통부에 지시했다.

"『대공보』에 정정기사를 요구하는 서한을 발송해라."

『대공보』는 교통부에서 보낸 서신도 공개했다.

"홍콩의 전화사정이 좋지 않아 모셔올 사람들과 연락이 불가능했다. 빈 비행기로 돌아오는 것은 낭비인지라 약간의 물건을 탑재했다. 개는 네 마리밖에 없었다. 열일곱 마리는 오보이니 정정해주기 바란다."

사태가 악화되자 감찰원장 위유런이 행정원장 쿵샹시에 대한 탄핵안을 제출했다.

"전 국민이 일본과 전쟁 중이다. 전시일수록 인재를 소중히 여겨야 한다. 이들을 개 열일곱 마리만도 못하게 여기는 철없는 여자애는 그렇다 치자. 딸 교육 제대로 못 시킨 쿵샹시는 내각의 수반인 행정원장 자격이 없다. 법적인 잘못은 없지만, 그런 애의 아비를 고위직에 임명한 사람의 책임도 가볍지 않다. 감찰이건 뭐건 할 것도 없다."

동서 장제스까지 물고 늘어지자 쿵샹시는 당일로 사직원을 제출했다. 전 중국이 떠들썩해도 쿵링쥔에 대한 쑹메이링의 애정은 변함이 없었다. 후쭝난과의 결혼을 서둘렀다. 쿵링쥔도 황푸 출신 중에 가장 많은 병력을 거느린 후쭝난이 싫지 않았다. 직접 만나겠다며 시안까지 갔다. 남장을 벗고 굽 높은 신발에 몸에 꼭 붙는 치파오를 입었다. 누가 봐도 그럴듯했다. 후쭝난은 쑹메이링의 비위를 건드릴 자신이 없었다. 제 발로 나가떨어지게 하는 것 외에는 방법이 없었다.
쿵링췬에게 산책이나 하자며 반나절 산속을 거닐었다. 숙소로 돌아
온 쿵링췬은 온 발이 물집투성이였다. 이모 쑹메이링에게 전화를 걸
었다.

"후쭝난은 형편 없는 놈이다. 황제가 된다 해도 거들떠보기도 싫
다. 정말 나쁜 놈이다."

후쭝난은 딴 여자, 그것도 황푸군관학교 후배의 연인에게 마음이
있었다.

지상 최고의 간첩 슝샹후이

"어려운 일이 생기면 나를 찾아라.
한밤중이라도 달려나가겠다."

서북왕 최측근 슝샹후이는 속 시뻘건 공산당 '빨대'

깨지지 않는 동업은 없다. 정당 간의 연합도 일종의 동업이다. 결국은 치고받고 하게 마련이다. 국·공 양당은 북벌과 일본과의 전쟁을 위해 두 차례 합작했다. 합작 동안 중공은 결별에 대비했다. 국민당 수뇌부에 우수한 첩자를 침투시켰다.

1949년 10월, 전 서북왕 후쭝난의 정보참모 슝샹후이(熊向暉)는 미국에서 중공 정권수립 선포 소식을 접했다. 유학생활을 걷어치우고 귀국길에 올랐다. 홍콩에 도착하자 홍콩싼롄(香港三聯)의 구석방에 짐을 풀고 소식 오기를 기다렸다. 신문도 거의 보지 않았다. 12년간 직속상관이었던 후쭝난과 2년 전 결혼 보증인을 흔쾌히 수락했던 장징궈에 관한 기사만 보면 만감이 교차했다.

중공 초대 총리 저우언라이가 보낸 편지는 간단했다.

"베이징으로 와라. 오찬을 함께하자."

11월 6일 정오, 국민당 고위 간부 몇 명이 저우언라이의 점심 초청을 받았다. 환담을 나누던 참석자들은 슝샹후이가 나타나자 놀란 표정을 지으며 반가워했다.

"야! 슝샹후이도 기의(起義)했구나."

당시 공산당에 투항하거나 대륙을 떠나지 않은 전 정권의 고위층들은 자신들의 행위를 '기의'라고 부를 때였다.

싱글거리며 보고만 있던 저우언라이가 폭소를 터뜨리더니 입을 열었다.

"슝샹후이는 기의가 아니다. 원대 복귀다. 내가 후쭝난에게 잠시 파견했을 뿐, 원래 우리 당원이다. 외교는 정보전이다. 장차 훌륭한 외교관이 될 테니 두고 봐라."

저우언라이는 외교부장도 겸하고 있었다.

슝샹후이는 저우언라이를 실망시키지 않았다. 키신저와 닉슨의 중국 방문을 막후에서 지휘하고 유엔 대표도 오래 역임했다. 4인방(四人幇) 처리에 골몰하던 예젠잉에게 묘수를 제공한 사람도 슝샹후이였다.

저우언라이의 말이 끝나자 다들 경악했다. 국민당군 참모차장이었던 류페이(劉斐)는 어처구니없다는 표정을 지었다. "후쭝난은 황푸군관학교가 배출한 명장이었다. 전쟁에서 질 때마다 이상하다는 생각이 들었다. 이제야 이해가 간다"며 혀를 찼다. 장제스의 비서실장과 요직을 두루 역임한 장즈중(張治中)도 무릎을 쳤다. "정보전에서 국민당이 공산당의 적수가 못 될 줄은 상상도 못했다. 후쭝난이 옌안을 점령했을 때 마오쩌둥은 이미 도망가고 없었다. 중공은 우리의 군사행동을 손바닥 보듯이 훤히 알고 있었다"며 슝샹후이에게 미소를 보냈다.

슝샹후이의 침투 과정은 북한과 대치 중인 우리도 교훈으로 삼을

후쭝난 부대의 옌안 점령
1개월 전에 결혼식을 올린 슝샹후이.
항저우(抗州) 신혼여행에서 찍은 사진.

만하다. 중·일전쟁 초기인 1937년 가을, 상하이에서 일본군과 대치하던 후쫑난은 '후난청년전지복무단'(湖南靑年戰地服務團)이 보낸 전보를 받았다.

"애국 지식청년들이 장군이 지휘하는 천하 제1군에 자원을 희망합니다."

후쫑난은 으쓱했다. "환영한다"는 답전을 보냈다. "청년들을 우한까지 인솔하라. 측근에 지식청년을 한 명 두고 싶었다. 내가 직접 선발하겠다"며 사람까지 파견했다.

우한에서 중공연락사무소를 총괄하던 저우언라이는 기회를 놓치지 않았다. 후쫑난의 신변에 비밀 공작원을 파견하기로 결심했다. 청년공작 담당자에게 적당한 사람을 물색하라고 지시했다.

"나는 후쫑난을 누구보다 잘 안다. 모든 일을 혼자 결정하고 의심이 많다. 우선 써보고 버리는 성격이 아니다. 한 번 쓴 사람은 절대 내치지 않는다. 그러나 한 번 무너지기 시작하면 걷잡을 방법이 없다. 이런 사람을 충족시키려면 여러 조건을 갖춰야 한다."

담당자가 난감해하자 상세한 설명을 곁들였다.

"우선 명문 출신이라야 한다. 학력도 중요하다. 일류대학 졸업생일수록 좋다. 젊고 사상이 개방적이면 더할 나위 없다. 마르크스와 레닌, 쑨원의 저작을 많이 읽고 폭넓은 지식에 기억력이 좋아야 한다. 대담하면서 꼼꼼하고 임기응변에 능한 사람을 물색해라. 가끔 쌍소리를 해도 속되지 않으면 금상첨화다."

청년공작 담당자는 동기생 슝샹후이를 추천했다.

"아버지는 후베이 고등법원장으로 칭화대 재학 시절 입당한 비밀 당원입니다."

저우언라이는 만족했다. 저우언라이의 지시를 받은 슝샹후이는 '후난청년전지복무단'에 참가했다. 단원 면접에 나선 후쭝난은 슝샹후이가 마음에 들었다. 부관으로 써보니 나무랄 데가 없었다. 황푸군관학교에 입학을 권했다. 군관학교를 마치자 정보참모로 기용했다.

장제스가 후쭝난에게 보낸 작전 명령서는 슝샹후이의 손을 거쳤다. 후쭝난이 장제스에게 보내는 보고서도 마찬가지였다.

"동서고금을 통해 가장 뛰어난 간첩이었다"

중국 국민당과 공산당처럼 복잡한 관계를 유지한 정당은 유사 이래 없었다. 이유가 코민테른 때문이라고 단정하는 사람들이 많다. 1919년, 레닌은 무산계급 혁명의 성공을 실감했다. 세계혁명을 목표로 혁명 수출에 나섰다. 집행기구로 모스크바에 코민테른(제3국제)을 신설했다. 전 세계의 무산계급 정당들이 코민테른의 지부가 되기를 희망했다. 햇병아리 정당 중국 공산당도 예외가 아니었다. 1922년 7월, 정식으로 코민테른에 합류했다. 1926년 중국 국민당도 코민테른에 가입을 신청했다. 코민테른은 "1국 1당이 원칙"이라며 거절했다. 국민당은 이듬해에도 참가를 허락해달라고 소련으로 달려갔다. 국·공연합에 성공했다는 명분이 있었지만, 코민테른의 입장은 변함이 없었다. 지난해와 다른 점은 있었다. 국민당을 공산당에

준하는 정당으로 인정했다. 장제스에게도 소홀히 하지 않았다. 중국인으로는 코민테른에서 최고의 지위인 '코민테른 중앙집행위원회 명예상무위원'에 임명했다. 이러다 보니 국·공 관계가 복잡해질 수밖에 없었다. 일본의 침략에 맞서기 위해 연합을 했지만, 언제 적으로 갈라설지 몰랐다. 겉으로는 웃고, 뒤로는 항상 으르렁거렸다. 상대방에게 자기 편을 침투시키기 위해 수단과 방법을 가리지 않았다. 8년에 걸친 항일전쟁 기간은 가관이었다. 말이 좋아 연합이지 잠복한 첩보원을 색출하는 데 기를 썼다. 수천 년간, 겉과 속이 달라야 사람 취급하던 민족이다 보니 피아를 식별하기 힘들었다. 조금이라도 의심이 가면, 아이건 어른이건 무조건 처단했다. 국민당도 마찬가지고 공산당도 마찬가지였다. 제 명에 못 산 사람도 많고, 성공한 첩보원도 많았다. 슝샹후이는 학계와 군사정보 계통에서 공인한, 동서고금을 통해 가장 뛰어난 간첩이었다. 연구자의 논문 한 구절을 소개한다.

"슝샹후이는 국민당의 심장부에서 지하공작을 펼친 중공의 비밀당원이었다. 국민당 최정예를 지휘했던 후쭝난의 옆에서, 그것도 12년간 신분의 폭로를 피해가며 중공의 승리에 탁월한 업적을 남겼다. 게다가 손끝 하나 다치지 않고 빠져나와 적의 돈으로 미국 유학까지 떠났다. 학문도 게을리하지 않아 귀국 후 신중국의 외교사와 정보사에 일획을 남기며 평생 부장급 대우를 받았다. 마오쩌둥도 슝샹후이의 말이라면 경청했다. 중요한 일이 발생하면 슝샹후이를 불러 의견을 물었다. 무슨 일이건 대책이 있는 사람이라며 극찬을 아끼지 않았다. 역시 총리감이라며 슝샹후이를 발탁한 저

1971년 11월, 차오관화(喬冠華·앞줄 왼쪽 첫째),
황화(黃華·앞줄 가운데) 등과 함께 중국 대표단의 일원으로
유엔 본부에 모습을 나타낸 슝샹후이(뒷줄 가운데).

우언라이의 안목도 높이 평가했다."

슝샹후이를 후쭝난에게 침투시킬 때 저우언라이는 신신당부했다.
"후쭝난은 항일의 영웅이다. 옆에서 열심히 보좌해라. 공산당과는
연락을 끊어라. 국민당과 우리의 밀월은 오래가지 못한다. 그때를 대
비해라."

슝샹후이는 어릴 때부터 좋은 교육을 받았다. 고전에 능하고 문장
력이 빼어났다. 황푸군관학교와 중앙군사학원의 성적도 후쭝난을
실망시키지 않았다. 후쭝난은 슝샹후이가 기초한 연설문이나 보고
서가 아니면 거들떠보지도 않았다. 부관 역할도 결함이 없었다. 후쭝
난은 변복 차림으로 순시를 나갈 때가 많았다. 한번은 야외에서 노숙
한 적이 있었다. 깨어보니 슝샹후이가 뜬눈으로 밤을 새우며 자신을
지켜준 것을 발견했다. 그날 이후로 후쭝난이 가는 곳에는 슝샹후이
가 있었다.

장제스의 옌안 공격 지시, 중공에 '중계방송'한 슝샹후이

1943년에 들어서자 국·공 간에 파열 조짐이 보이기 시작했다.
5월 15일 스탈린이 코민테른 해체를 선언하자 장제스는 군사회의를
소집했다. 중공의 무장해제와 근거지 옌안을 공격하기로 결심했다.
후쭝난에게 밀전(密電)을 보냈다.

"코민테른이 해체됐다. 소련은 더 이상 중공을 지원할 생각이 없
다. 옌안 공격을 준비해라. 일거에 저들의 근거지를 초토화시켜라."

7월 2일, 부대 배치를 마친 후쭝난은 7월 9일 작전을 시작하겠다

고 장제스에게 보고했다. 7월 4일, 팔로군(八路軍) 사령관 주더의 편지를 받은 후쭝난은 경악했다.

"코민테른이 해체되자 중앙정부가 우리를 공격할 것이라는 소문이 파다하다. 항일을 위해 양당이 힘을 합쳐도 부족할 판에 내전이 발생하면 항일의 대업은 파괴되고 국가와 민족은 위난을 모면할 방법이 없다."

공산당은 주더가 후쭝난에게 보낸 서신을 언론에 공개했다. "항일을 포기하고 내전을 도모한다"며 국민당을 비난하는 시위대가 거리를 메웠다. 옌안을 보위하기 위해 전선에 있던 팔로군을 옌안 인근으로 집결시켜도 국민들은 공산당이 항일을 포기했다고 팔뚝질하지 않았다. 마오쩌둥은 저우언라이를 불러 입에 침이 마를 정도로 슝샹후이를 칭찬했다.

"몇 개 사단이 할 일을 혼자서 해냈다."

12년간 이런 일이 한두 가지가 아니었다.

슝샹후이는 사교성이 부족했다. 먼저 나서거나 제 발로 사람을 찾아가는 법이 없었다. 그러나 아는 사람이 요직을 맡으면 먼저 편지를 보냈다.

"네가 그 자리에서 물러나는 날까지 너와 연락을 안 하겠다. 단, 어려운 일이 생기면 나를 찾아라. 한밤중이라도 달려가겠다."

마오쩌둥과 저우언라이가 사망한 후, 덩샤오핑(鄧小平)과 예젠잉, 리셴녠(李先念) 등도 이런 편지를 받았다. 다들 슝샹후이의 처신과 의견을 존중했다.

전쟁 예술가 린뱌오

> "교장은 틈만 나면 내전을 도모합니다.
> 중국의 현실은 내전을 바라지 않습니다."

장제스가 꼽은 황푸 최고 인재는 '전쟁 마귀' 린뱌오

황푸군관학교 얘기에 린뱌오가 빠질 수 없다. 중·일전쟁이 막바지를 향하던 1945년 5월 25일 새벽, 류보청(劉伯承), 덩샤오핑, 보이보(薄一波), 천이(陳毅), 린뱌오 등 중공의 군사 지도자들을 태운 미군 수송기 한 대가 홍색 수도 옌안을 출발했다. 전송 나온 마오쩌둥의 경호원이 기록을 남겼다.

"뭔가 중요한 사명을 띠고 떠나는 눈치였다. 주석과 저우언라이는 비행기가 시야에서 사라질 때까지 하늘을 응시했다. 손에 땀이 나는지 연신 손을 바지에 문질렀다. 국·공내전의 서막인 줄은 한참 지나서야 알았다."

충칭에 있던 장제스는 옌안을 떠난 수송기의 향방을 궁금해했다. 행정원 군사부장이 헐레벌떡 달려왔다.

"믿을 만한 소식입니다. 산시 성 리청(黎城)에 사람들을 내리고 돌아갔습니다. 류보청과 덩샤오핑은 현지에 남고, 천이는 화중(華中)

지역으로 이동했습니다. 린뱌오만 행방이 묘연합니다."

꼬마 제갈량 소리를 듣던 바이충시(白崇禧)가 한마디 던졌다.

"동북으로 간 게 분명합니다."

장제스는 바이충시의 판단에 동의했다. 고개를 끄덕이며 한숨을 내뱉었다.

"나는 린뱌오가 어떤 사람인지 잘 안다. 내가 관심이 부족했던 탓에 공산당에 합류했다. 린뱌오가 갔다면, 앞으로 동북은 편할 날이 없겠구나."

국민당이 대륙을 통치하던 시절, 황푸군관학교는 24기까지 졸업생을 배출했다. 5기생까지는 직접 장제스의 교육을 받았다. 4기생 중에 우수한 인재들은 거의 국민당에 참여했지만, 장제스는 린뱌오를 최고의 인재로 쳤다. 훗날 적이 됐지만 "황푸가 배출한 가장 우수한 군사가는 4기생 린뱌오"라며 극찬을 아끼지 않았다. 그러나 린뱌오의 장제스에 대한 평가는 냉혹했다.

"황푸 시절에 본 장제스는 군벌에 불과했다. 항상 군림하려고만 했지 교관과 학생들을 존중하지 않았다. 화도 잘 내고 변덕도 심했다. 기분 내키면 잔정을 베풀었지만, 가끔 말 같지 않은 소리로 우리를 우롱했다. 그런 사람은 특징이 있다. 큰 일을 이룬 듯하지만 결국은 마지막 문턱을 넘지 못한다."

타고난 약골에서 대전략가로

린뱌오는 타고난 약골이었다. 황푸군관학교 학생 시절 새벽 구보

린뱌오와의 일전을 앞두고 총참모장 바이충시와
함께 부대를 검열하는 장제스(망토 입은 사람).
1947년 가을, 동북

에서 낙오하는 학생은 린뱌오가 유일했다. 거의 매일, 구보가 끝나면 교관에게 따귀를 한 대 얻어맞고서야 아침을 먹으러 갔다. 체격도 군인과는 거리가 멀었다. 동기생 사이에서 요즘으로 치면 고문관 취급을 받았다. 체력은 성격에도 영향을 미쳤다. 동기생들 눈치를 보다 보니 학내에 만연하던 좌우투쟁에도 나설 엄두를 내지 못했다. 정치적인 발언도 거의 하지 않았다. 국민당이나 공산당, 그 어느 쪽의 관심도 끌지 못했다. 당시 군관학교 정치부 교관이었던 중공 원수 녜룽전(聶榮臻)의 회고록 한 구절을 소개한다.

"황푸군관학교에서 린뱌오를 처음 알았다. 말수가 적고 매사에 소극적이었다. 웃거나 찡그리는 법이 없고, 돌출 행동도 하지 않았다. 도대체 뭘 생각하는지 알 수가 없었다. 다른 학생들에 비해 뛰어난 구석이라곤 단 한 군데도 없었다."

'모든 게 우연'이라는 말이 맞는다면, 장제스가 이름조차 몰랐던 린뱌오를 알게 된 것도 우연이었다. 교장 시절, 학생들을 데리고 후이저우(惠州) 전투에서 승리한 장제스는 기분이 좋았다. 학생들에게 승리한 원인을 발표해보라며 자리를 마련했다. 발표 내용은 "보병과 포병의 협조가 성공적이었다" "교장의 탁월한 지휘력" "사기충천" 등 허구한 날 듣던 소리였다. 실망한 장제스는 자리를 떴다. 이날 장제스가 안경만 제대로 챙겼더라면 린뱌오에 대한 미련도 떨쳐버리기 쉬웠을 것이다. 놓고 온 안경을 챙기기 위해 다시 자리로 돌아온 장제스는 겁먹은 얼굴의 왜소한 청년이 연단 위에 서 있는 것을 보자

중학 2학년 시절 백부 일가와
기념사진을 남긴 린뱌오(오른쪽 둘째).

다시 자리에 앉았다. 청년은 분필을 들고 흑판에 뭔가 그리기 시작했다. 자세히 보니 후이저우의 지형도였다. 장제스는 흑판에서 눈을 떼지 않았다. 산천과 하류, 민간 가옥, 지세(地勢)와 지모(地貌) 등 그렇게 상세할 수가 없었다. 청년은 말을 더듬거렸다. 마지막 말이 장제스의 가슴을 쳤다.

"용병(用兵)은 대단한 것 같아도 별것 아니다. 지형을 손바닥 보듯이 파악하고, 계획을 철저히 세운 후에 움직이면 된다. 화려한 언사는 아무짝에도 쓸모가 없다."

그날 밤 장제스는 평소 습관대로 일기에 소감을 적었다.

"린뱌오는 내게 전쟁 예술의 정수를 보여줬다. 눈에도 경계의 빛이 가득했다. 대전략가의 자질을 타고났다."

장제스는 린뱌오가 공산당원인 줄 모르고 졸업과 동시에 사령부에 자리를 마련해줬다. 측근에서 린뱌오는 공산당원이라며 만류해도 듣지 않았다.

"황푸군관학교는 공산당원의 대본영이다. 친척 중에도 공산당원이 많다. 내가 데리고 있으면서 붉은 물을 빼놓겠다."

린뱌오가 "교장의 신임과 키워준 은혜에 감사한다"는 편지를 남기고 황푸를 떠날 줄은 상상도 못했다. 린뱌오는 장제스가 국·공합작을 파열시키고 정권을 잡자 무장폭동에 가담해 두각을 나타냈다. 1933년 2월, 홍군 섬멸작전에 나선 국민당군 2만 5,000여 명이 린뱌오의 포로가 되자 장제스는 경악했다. 황푸 출신 심복들에게 편지를 보냈다.

"린뱌오는 교장인 나를 실직시키려고 작정을 했다. 황푸 교장 시절 린뱌오에게 관심을 덜 쏟는 바람에 공산당으로 가는 것을 막지 못했다. 너희들에게 관심을 보였지만 너희들은 나를 실망시켰다. 린뱌오는 전쟁의 마귀다. 나도 인연을 끊겠다. 목에 현상금 10만 원을 걸겠다."

장제스는 말뿐이었다. 린뱌오가 부상당했다는 소식을 접하자 안절부절못했다.

장제스는 린뱌오에 대한 미련을 버리지 못했다

1936년 12월, 국·공 양당은 연합에 성공했다. 10년간 요란하던 총성이 그쳤다. 내전 기간, 국민당군에 치명타를 안긴 청년 장군 린뱌오의 이름도 사람들 입에 오르내리지 않았다. 이듬해 7월, 일본군이 화베이(華北) 일대를 점령했다. 항일전쟁을 선언한 국·공은 연합체제를 출범시켰다. 장제스를 양당의 최고사령관인 군사위원회 위원장에 추대했다. 1937년 8월 23일, 산시 성 촌구석에서 중공 중앙위원 회의가 열렸다. 난징에 있던 장제스는 특무기관을 통해 중공의 회의 내용을 보고받았다.

"중공은 홍군의 명칭을 국민혁명군 제팔로군으로 바꿨습니다. 예하에 3개 전투사단을 두고 린뱌오, 류보청, 허룽(賀龍)을 사단장에 임명했습니다. 린뱌오와 마오쩌둥이 논쟁을 벌였다고 합니다. 정확한 내용은 알 수 없습니다."

장정(長征)을 마친 린뱌오(앉아 있는 사람 가운데 왼쪽에서 넷째)는
옌안의 홍군대학 교장에 취임했다.
앞줄 둘째가 홍군대학 교육위원회 주임과
정치위원을 겸한 마오쩌둥.
뒷줄 왼쪽에서 다섯째는 당시 마오의 부인 허쯔전(賀子珍).
1936년 10월 옌안의 홍군대학 문전.

장제스는 군사회의를 소집했다. 린뱌오 칭찬에 침이 말랐다.

"린뱌오는 전장(戰場)과 초연(硝煙), 선혈과 생명이 오가는 곳을 갈망하는, 당대의 한신(韓信)이다. 다시 군대를 이끌고 전공을 세울 날이 멀지 않았다. 청사에 남을 공을 세울 테니 두고 봐라."

장제스의 예측은 정확했다. 전쟁의 포성이 울리자 린뱌오의 그림자가 전쟁터에 어른거리기 시작했다. 9월 25일, 린뱌오가 핑싱관(平型關) 전투에서 일본군 1,000여 명을 몰살시켰다. 항일전쟁 첫 번째 승전에 온 중국이 열광했다. 전국의 매체에 린뱌오의 이름이 빠지는 날이 없었다. 흉노를 멸망시킨 한(漢)대의 명장 이광(李廣)과 곽거병(霍去病), 왜구 토벌에 공을 세운 명(明)대의 척계광(戚繼光)에 비유하며 린뱌오를 찬양했다. 승전보를 접한 장제스는 머리가 복잡했다. 중국군의 승리였지만, 영광은 공산당의 몫이었다. 일기에 심경을 토로했다.

"린뱌오는 황푸 출신이다. 누가 뭐래도 내가 키운 학생이다."

황푸 출신으로 구성된 군사회의도 소집해 린뱌오의 선배들을 질책했다.

"일본과 전쟁을 치르면서 우리 군은 많은 땅을 왜적들에게 내줬다. 최근 핑싱관에서 중국 군대가 승리했다. 우리 황푸 출신이 지휘했다니 더 이상 기쁠 수가 없다. 그 지휘관이 이 자리에 없는 것이 애석하다. 린뱌오는 공산당원이다. 황푸 4기생 중에서도 가장 어린 학생이었다. 황푸의 걸출한 인재들은 모두 공산당 쪽에 합세했다는 말을 들었다. 그 말이 사실이라면 여기 있는 너희들은 전부 무능한 놈들이다. 지치이후용(知恥而后勇), 부끄러운 걸 알면 용기가 생기는

펑싱관 전투 당시 린뱌오.
이 전투에서 린뱌오는 일본군 1,000여 명을 몰살시켰다.

법, 더 이상 나를 실망시키지 마라."

장제스의 훈시는 효과가 있었다. 국민당군도 도처에서 일본군에게 승리를 거뒀다.

린뱌오 탐낸 스탈린 "소련 장군 15명과 바꿀 수 없나"

핑싱관 전투 얼마 후, 지형 관찰 나갔던 린뱌오가 국민당군의 오발로 부상을 당했다. 일본군에게 노획한 야전 군복을 착용한 것이 화근이었다. 소식을 접한 장제스는 성명을 냈다.

"국가가 인재를 필요로 하는 때에 대장의 재목을 잃었다. 애석한 일이다."

이어서 책임자를 색출해 처벌하라고 지시했다. 린뱌오에게도 위로 전문을 보냈다. 들것에서 사경을 헤매던 린뱌오는 국·공 관계를 우려해 장제스에게 답신을 보냈다.

"일본 군복을 걸친 내 잘못이니 추궁하지 마십시오."

마오쩌둥도 린뱌오의 중상 소식에 안절부절못했다. 스탈린에게 린뱌오의 생명을 구해달라는 급전을 보냈다.

"린뱌오는 어린 나이에 혁명에 뛰어들었다. 처음 만났을 때 20대 초반이었다. 어린애 같았지만 총명하고 민첩했다. 매사에 긍정적이고 군사적 재능이 탁월했다. 지휘관의 말을 잘 듣지 않았지만, 결국은 지휘관에게 명예를 안겨줬다."

스탈린이 이 제의를 거절할 리 없었다. 4년간 린뱌오의 소식이 들리지 않았지만 장제스는 옛 제자를 잊지 않았다. "사람이 떠났다. 차(茶)도 식었다. 천하에 명성을 드러낸 내 학생의 모습이 가물가물하다"는 일기를 남겼다. 4년간 소련에 머무르던 린뱌오는 독일군의 프랑스 침공과 진공 경로를 정확히 예측하는 등 대전략가의 면모를 유감없이 발휘했다. 소련군 참모총장이 장제스에게 보낸 편지가 남아 있다.

"린뱌오의 전략과 전술은 독특하고 심오하다. 수준이 소련의 지휘관들을 능가한다. 스탈린 동지는 소련 장군 15명과 교환하고 싶다는 말을 자주 한다. 실제로 마오쩌둥 동지에게 요청했다가 거절당한 줄 최근에 알았다."

린뱌오의 재능을 재확인한 장제스는 모스크바의 중국 대사관에 전문을 보냈다.
"린뱌오의 행적을 유심히 관찰해라."
1941년 겨울, 린뱌오가 귀국 길에 올랐다. 옌안 중공 중앙위원회는 국민당 측에 협조를 구했다.
"린뱌오가 시안을 경유해 옌안으로 돌아올 예정이다. 보살펴주기 바란다."
장제스는 신중했다. 군사위원회 시안 연락사무소 주임을 겸하던 34집단군 사령관 후쫑난을 충칭으로 불렀다.
"린뱌오가 귀국 중이다. 시안에 머무르는 동안 정중히 접대해라. 공심위상(攻心爲上) 공성위하(攻城爲下), 사람의 마음을 공격하는 것이 상책이다. 성을 공격하는 것은 하책이니 명심해라."

특수공작을 지휘하던 다이리에게도 따로 지시했다.

"후쭝난에게는 비밀로 해라. 린뱌오의 안전을 책임져라. 수상한 사람이 접근하면 무조건 사살해라."

다이리는 특무요원 200여 명을 데리고 시안으로 떠났다. 옌안의 마오쩌둥도 팔짱만 끼고 있지 않았다. 린뱌오가 시안에 도착하면 일거일동을 주시하라고 시안의 팔로군 연락사무소 측에 지시했다.

장제스와 마오쩌둥은 린뱌오 해바라기

1941년 12월 29일, 소련 군용기 한 대가 신장(新疆) 성 디화(迪化, 지금의 우루무치)에 착륙했다. 3년간 소련에서 요양을 마친 린뱌오가 창백한 모습을 드러냈다. 기다리고 있던 군사위원회 조사통계국 요원들이 린뱌오를 에워쌌다.

"국장의 명령을 받았다. 옌안까지 우리가 안전을 책임지겠다."

옌안은 란저우(蘭州)와 시안을 경유해야 했다. 란저우에 도착한 린뱌오는 간쑤(甘肅) 성 주석의 영접을 받았다. 모스크바에서 따라온 소련인 수행원이 구술을 남겼다.

"주석은 성장(省長)을 대하듯이 하라는 위원장의 분부가 있었다며 정중했다. 현지의 국민당원과 군 지휘관들도 30대 초반의 청년 장군에게 온갖 예의를 갖추며 경의를 표했다. 열흘간, 하루도 빠짐없이 환영 잔치를 열었다. 한때 린뱌오의 목에 거금의 현상금을 내걸었던 사람들이라곤 상상도 할 수 없을 정도였다. 린뱌오도 옛 친

소련에서 귀국 직후 마오쩌둥의 요청으로
기념사진을 남긴 린뱌오(오른쪽).
1942년 2월 22일 옌안.

구들을 만난 것처럼 반가워했다. 황푸군관학교에서 한솥밥을 먹던 사람들이라는 말을 듣고서야 이해가 됐다."

시안에 도착한 린뱌오는 팔로군 연락사무소가 있는 치셴좡(七賢莊)에 짐을 풀었다. 전선에 있던 후쭝난이 린뱌오를 찾아왔다. 린뱌오는 황푸 선배인 후쭝난에게 부동자세로 거수경례를 했다. 서북왕 후쭝난은 흐뭇했다. 포옹으로 답례했다. 린뱌오와 장시간 얘기를 나눈 후쭝난은 장제스에게 보고서를 보냈다.

"린뱌오는 국·공이 합작해 새로운 국가를 건설해야 한다고 역설했습니다. 삼민주의에 대한 이해도 깊었습니다. 공산주의도 따지고 보면 삼민주의나 그게 그거라는 말까지 했습니다. 틀린 말이 아니라는 생각이 들었습니다. 팔로군에게 무기를 공급해 달라기에 수락했습니다. 의료시설이 부족하다는 말에 우리 측 군의관을 파견하겠다고 답했습니다. 옌안까지 안내하겠다고 했더니 그럴 필요 없다며 군사 관련 서적이나 달라고 하더군요. 위원장의 안부와 황푸 시절을 회고하며 시간 가는 줄 몰랐습니다. 린뱌오의 요청을 들어줘야 할지 지시 바랍니다."

장제스는 시간을 끌지 않았다.
"린뱌오의 요구를 모두 들어줘라."
옌안의 마오쩌둥도 린뱌오의 전문을 받고 기분이 좋았다. 류사오치(劉少奇)와 펑더화이에게 전보를 보이며 싱글벙글했다.

"린뱌오는 전쟁도 잘하지만 타고난 천재다. 무슨 재주를 부렸는지, 그간 미진했던 국민당과의 합작을 공고히 했다. 스탈린이 뭘 먹였는지 건강도 좋아진 것 같다. 그래도 워낙 약골이다 보니 돌아오면 더 쉽게 해야 한다. 소련에서 부인과 이혼했다는 말을 들었다. 신붓감을 구해봐라. 나도 찾아보겠다. 내가 사는 동굴 옆에 신방을 차려주겠다."

"문무를 겸비한 인재를 양성해라"

1942년 2월 중순, 린뱌오가 시안을 출발했다는 보고를 받은 마오쩌둥은 잠을 설쳤다. 날이 밝기가 무섭게 숙소를 뛰쳐나왔다. 당시 중공 중앙 서기처에 근무하던 스저(師哲)가 이날 마오쩌둥의 행적에 관한 기록을 상세하게 남겼다.

"이른 아침, 우연히 마오 주석과 조우했다. 린뱌오가 돌아온다니 만나러 가는 길이라며 걸음을 멈추지 않았다. 나는 속으로 깜짝 놀랐다. 총사령관 주더가 전선에서 돌아오거나, 저우언라이와 런비스(任弼時)가 소련에서 귀국할 때도 주석은 마중 나가는 법이 없었다. 1940년, 저우언라이가 옌안으로 돌아오는 것을 뻔히 알면서도 늦은 시간까지 잠에 취해 있었다. 리푸춘(李富春)이 올 때 마중 나간 적이 있었지만, 그건 리푸춘 때문이 아니라 그의 부인 차이창(蔡暢)을 맞이하기 위해서였다. 소년 시절 주석은 차이창의 오빠 차이허썬(蔡和森)의 영향을 가장 많이 받았다. 그래서 그런지, 차이창을 친여동생처럼 아꼈다. 당시 린뱌오의 지위는 주더, 저우언라이, 런비스, 리푸춘에 비하면 한참 아래였다. 그날따라 날씨가 유난히 추웠지만, 주석은 미동도 안 하고 거리를 응시하며 린뱌오를 태운 차가 나타나기만 기다렸다. 린뱌오가 차에서 내리자 와락 끌어안고 얼굴을 쓰다듬었다. 린뱌오도 어린애처럼 좋아했다. 린뱌오가 뭐라고 하자 어린 게 뭘 아느냐며 엉덩이를 몇 차례 손으로 두드렸다. 린뱌오가 투덜대자 손가락질하며 뭐가 그렇게 재미있는지 연신 웃어댔다. 주석은 2월 17일 밤에 열린 환영대회에도 참석했다. 린뱌오가 한 마디 할 때마다 박수를 쳐대며 끝날 때까지 자리를 뜨지 않았다. 둘 사이에는 아무도 끼어들 틈이 없다는 것을 비로소 알았다."

마오쩌둥은 항일전쟁이 끝나는 날까지 린뱌오를 전쟁터에 내보내지 않았다. 20년 전 쑨원이 장제스를 황푸군관학교 교장으로 발탁해 혁명 간부를 양성했던 것처럼, 린뱌오를 항일군정대학(抗日軍政大學) 교장에 다시 임명했다.

"문무를 겸비한 인재를 양성해라. 혁명은 불(火)로만 되는 게 아니다. 활활 타오르려면 바람(風)이 필요하다. 신문을 발간하고, 제대로 된 학교를 만들어라. 학생들에게 무조건 진공(進攻)을 강요하지 마라. 진공에는 조건(條件)이 따라야 한다. 단, 조건이 없어도 진공은 중요하다는 것을 주지시켜라. 기본이고 중심이기 때문이다. 조건을 만드는 법을 학생들에게 가르쳐라. 그래야만 대사를 이룰 수 있다. 그걸 할 사람은 중국 천지에 너밖에 없다. 린뱌오

홍군대학의 후신인 항일군정대학.
대도시에서 온 지식청년들을 혁명간부로
양성하기 위해 설립됐다.

가 한 명인 것이 애석하다. 네가 500명만 있으면 우리는 승리할 수 있다."

마오쩌둥의 린뱌오에 대한 신임은 이뿐만이 아니었다. 장제스가 회담을 요구하자 린뱌오를 대신 파견했다.

장제스 만난 린뱌오 "난 내전을 두려워하지 않습니다"

명분과 평계, 따지고 보면 그게 그거지만, 그래도 명분은 중요하다. 2차 국·공합작도 명분 하나만은 손색이 없었다. 항일전쟁, 그 누구도 시비를 걸지 못했다. 중국 국민당과 중국 공산당은 보통 정당이 아니었다. 정치 건달들의 집합체가 아닌, 무장한 혁명정당이었다. 일본과의 전쟁을 위해 합작은 했지만 전쟁이 끝나면 충돌은 시간문제였다.

이럴 경우 평화를 주장하며 전쟁을 준비하는 측이 승리하기 마련이다. 1941년 1월, 중공이 주축인 항일 게릴라 부대(新四軍)를 국민당 측이 공격했다. 그럭저럭 유지되던 국·공 관계가 최악에 이르렀다. 옌안의 마오쩌둥은 국민당과의 합작을 공고히 할 기회라고 판단했다. 장제스를 비난하기는커녕 만나고 싶다는 신호를 계속 보냈다.

"전 세계의 반파시스트 세력은 단결해야 한다. 국·공 관계를 개선하기 위해서라면 못할 일이 없다."

국내외 환경도 중공 측에 유리했다. 국민당 내의 진보적 인사들이 장제스의 반공 정책을 비난했다. 미국 대통령 루스벨트도 국민당의 반공을 지지하지 않았다. 친중파 오웬 라티모어(Owen Lattimore)를

국·공내전 시절 동북에서 참모들과 작전을 숙의하는
동북민주연군(東北民主聯軍) 사령관 린뱌오(맨 앞줄 오른쪽).

충칭에 보내 의중을 전달했다.

"내전을 바라지 않는다. 우리가 지원하는 무기를 반공에 사용해서는 안 된다."

영국 총리 처칠도 가만있지 않았다. 1942년 7월 7일, 항일전쟁 5주년 축하전문을 장제스에게 보냈다.

"지난 5년간 통일전선이 원만히 이뤄진 것을 축하한다. 앞으로도 계속되기를 희망한다."

장제스는 코쟁이들이 협박한다며 노발대발했지만 반공 정책을 거둬들였다. 마오쩌둥과 만나겠다고 미국 측에 통보했다. 장제스는 황푸군관학교 교장 시절부터 마오쩌둥을 싫어했다. 마오쩌둥이 황푸에 강연 올 때마다 "목욕도 안 하고 머리도 제대로 안 감는다. 옆에만 가면 냄새가 진동해서 머리가 아프다. 칫솔질도 안 하는 주제에 입에서 고전이 술술 나온다"며 무시했지만 현실은 존중했다. 8월 14일, 중공 측 대표로 충칭에 파견 나와 있던 저우언라이에게 통보했다.

"서북을 순시할 계획이다. 시안에서 마오쩌둥과 만나고 싶다."

시안과 옌안은 지척 간이었다. 저우언라이는 당일로 마오쩌둥에게 전문을 보냈다.

"장제스가 시안에서 주석을 만나고 싶어 한다. 악의는 찾아볼 수 없었지만 목적은 예측하기 힘들다. 장제스는 린뱌오를 좋아한다. 감기가 심해 린뱌오를 대신 보내겠다는 답전을 보내라. 린뱌오가 장제스의 의중을 살핀 후 만나는 것이 안전하다."

마오쩌둥도 저우언라이의 의견에 동의했다. 장제스에게 전문을 보냈다.

"열흘간 감기로 신음하는 중입니다. 린뱌오를 먼저 보내겠습니다. 저는 완쾌하는 대로 시안으로 가겠습니다."

린뱌오가 온다는 말에 장제스는 토를 달지 않았다. 9월 초순 국민당은 옌안에 전문을 발송했다.

"린뱌오의 시안 방문을 환영한다. 위원장이 옌안의 국민당 연락사무소 소장에게 린뱌오를 시안까지 안내하라고 지시했다."

9월 14일, 린뱌오는 옌안을 떠났다. 폭우가 쏟아지고 산사태가 나는 바람에 시안까지 3일이 걸렸다. 기다리던 장제스는 충칭으로 돌아갔다. 린뱌오에게는 편지 한 통을 남겼다.

"충칭에서 만나자. 9월에는 네가 와도 만날 시간이 없다. 시안에 있다가 내가 연락하면 충칭으로 와라."

시안에 머무르는 동안 린뱌오는 황푸군관학교 선배들과 훗날 국민당 총통 대리를 역임하는 리쭝런의 환대를 받았다. 한 차례 동석했던 여류 화가가 깊은 인상을 남겼다.

"평소 내로라하던 사람들이 30대 중반의 왜소한 사람 눈치 보는 것을 보고 의아했다. 무슨 남자가 술은 물론이고 춤도 출 줄 몰랐다. 산해진미가 즐비했지만 물만 마셨다. 술을 못하면 노래라도 하라고 했더니 아는 노래가 한 곡도 없다며 얼굴이 빨개졌다. 너무 쓸쓸하고 외로워 보였다. 복장이 어찌나 초라했던지 옷을 한 벌 사주고 싶었다. 린뱌오라는 것을 나중에 알았다."

충칭에 도착한 린뱌오는 좋은 옷을 한 벌 사입었다. 10월 13일, 저우언라이의 안내로 장제스를 만나러 갔다. 린뱌오는 부동자세로 경례를 했다.

"교장께 보고합니다. 학생 린뱌오가 왔습니다."

장제스의 시종부관이 기록을 남겼다.

"위원장은 린뱌오의 손을 놓으려 하지 않았다. 너는 내 학생이다. 충칭에 온 것을 환영한다며 그렇게 흐뭇해할 수가 없었다."

린뱌오는 당당했다.

"우리 당은 명칭만 공산당일 뿐 구국과 구민을 위한 정당입니다. 교장과 저는 같은 이상을 추구합니다. 진정한 합작을 희망합니다. 교장은 틈만 나면 내전을 도모합니다. 중국의 현실은 내전을 바라지 않습니다."

저우언라이가 장제스의 안색을 살폈다. 웃고는 있지만 불쾌한 기색이 역력했다. 린뱌오는 눈치를 줘도 모른 체하며 할 말을 계속했다.

"저는 내전에 반대하지만 내전을 두려워하지는 않습니다. 중국은 산이 많고 도처에 삼림이 무성합니다. 어떤 환경에 처해도 자급자족으로 지구전을 펼 자신이 있습니다. 지금의 문제는 군사력으로 해결이 불가능합니다. 서로 믿으며 협상과 담판을 진행해야 합니다."

장제스는 완고했다.

"나도 한때는 사회주의를 신봉했다. 공산당은 중국의 실정에 맞지 않는다."

장제스가 자꾸 시계를 쳐다보자 저우언라이가 오늘은 그만하자며 린뱌오를 재촉했다. 집무실을 나서는 린뱌오에게 장제스가 말했다.

"충칭에 머무는 동안 아무 때건 나를 찾아와라. 떠난 후에도 내 생각이 나면 나를 찾아라. 나도 네 생각을 자주 하마."

이 만남이 마지막이 될 줄은 상상도 못했다. 옌안으로 돌아온 린뱌오는 전쟁과 담을 쌓았다. 대신 연애에 열중했다. 국민당 소장(少將)의 딸 예췬(葉群)이 마음에 들었다. 아나운서 출신답게 목소리가 예뻤다. 결혼을 서둘렀다.

린뱌오의 결혼 소식에 고향에선 "넌 사람도 아니다"

1942년 10월, 전시 수도 충칭에서 시작된 린뱌오와 장제스의 담판은 하루 이틀에 끝나지 않았다. 9개월간 계속됐다. 아무 결과 없이 옌안으로 돌아온 린뱌오는 항일전쟁이 끝나는 날까지 모습을 드러내지 않았다. 마오쩌둥이 찾아도 안 갈 때가 많았다. 한동안 죽었다는 소문이 나돌았다.

린뱌오는 건재했다. 방 안에 틀어박혀 군사문제 연구에 매달렸다. 고급간부회의에서 '신병 훈련과 포로의 활용'에 관한 논문을 발표해 주목을 끌었다. 마오쩌둥이 "역시 린뱌오다. 뭘 하든 확실한 결과물이 있다"며 싱글벙글할 정도였다. 예췬과의 결혼도 자기 일처럼 좋아했다.

린뱌오와 예징이(葉靜宜, 예췬의 본명)가 언제, 어떻게 만났는지는 아는 사람이 없다. 린뱌오의 성격상 예췬이 먼저 접근했다고들 하지만 추측에 불과하다. 딸 더우더우(본명은 린리헝林立衡)가 1944년생인 것을 보면 충칭에서 장제스와 담판을 마친 후 옌안에서 처음 만난 것은 확실하다. 예췬은 린뱌오의 둘째 부인이었지만 린씨 집안 족보

린뱌오와 예췬. 앞줄 왼쪽이 딸 더우더우(豆豆),
오른쪽이 아들 린리궈(林立果).

(林氏宗譜)에는 린뱌오의 이름 밑에 왕징이(汪靜宜), 류신민(劉新民), 예췬 등 세 명의 여인이 등장한다. 첫 번째로 이름을 올린 왕징이 옆에는 '빙처'(聘妻) 두 자가 붙어 있다. '빙'(聘)은 정혼은 했지만 정식으로 식은 올리지 않았음을 의미한다. 이런 경우 이름을 올리지 않는 경우가 대부분이지만 린뱌오는 왕징이를 배려했다. 그럴 만한 이유가 있다.

왕징이는 1907년 12월 6일, 린뱌오와 같은 마을에서 거의 같은 시간에 태어났다. 왕징이의 집안은 대지주였다. 지금도 떠도는 얘기가 있다.

"왕징이의 집은 쑤저우의 정원들이 무색할 정도로 고대광실이었다. 워낙 커서 관리가 불가능했다. 도둑놈 두 명이 한 달간 별짓 다하며 숨어 있어도 발견하지 못할 정도였다. 왕징이는 오관이 단정하고 피부가 백설 같았다. 몸가짐도 우아했다. 문맹인 게 흠이었다."

두 집안은 세교(世交)가 있었다. 하루는 왕징이의 부친이 술 취한 김에 사돈을 맺자고 제의했다. 1914년 정월 초사흗날, 린뱌오의 집에 어른들끼리 모여 정혼잔치를 열었다. 린뱌오와 왕징이가 여덟 살 때였다. 양가의 부모들은 자식들끼리 만나는 것을 허락하지 않았다. 정혼 10년 후, 황푸군관학교에 입학한 린뱌오는 안목이 넓어졌다. 얼굴 한 번 못 본 여자가 부인이라는 생각이 들 때마다 황당하고 웃음이 나왔다. 교관이나 동기생들이 결혼 얘기를 나누면 자리를 피했다.

군관학교 졸업 후, 우한에 주둔하던 린뱌오는 집 생각이 났다. 아버지에게 잠시 들르겠다는 편지를 보냈다. 부모들은 이참에 신방을 차려주자며 마음이 급했다. 왕징이의 아버지는 잔치에 쓸 돼지 99마리를 목욕시켰다. 고향에 온 린뱌오는 부모가 시키는 대로 했다. 예물과 왕징이에게 줄 비단을 싸들고 장인을 찾아갔다. 환대가 이루 말할 수 없었다.

"잘 왔다. 혼일 날짜를 정했느냐?"

린뱌오는 준비했던 대답을 했다.

"4일 후 돌아가야 합니다. 혼사를 치를 겨를이 없습니다."

한동안 침묵하던 장인이 어렵게 입을 열었다.

"네 부친은 어릴 때부터 나와 친분이 두터웠다. 그래서 너희들의 혼인도 수락했다. 너는 책을 많이 읽은 사람이다. 절대로 부모들을 난처하게 만들지 마라. 간절히 부탁한다. 내 딸의 청춘을 엉망으로 만들지 마라."

린뱌오는 장인을 안심시켰다.

"북벌전쟁이 끝나면 식을 올리겠습니다."

남자가 혼례품 싸들고 여자 집을 찾으면 결혼을 한 거나 다름없었다. 왕징이는 문틈으로 몰래 린뱌오를 훔쳐봤다. 멋진 군복에 생김새도 그럴듯했다.

군문으로 돌아온 린뱌오는 폭동에 참가했다. 실패한 폭동이었다. 패잔병들과 함께 징강산(井岡山)에 들어갔다. 후난에서 폭동을 일으키고 도망 왔다는 마오쩌둥을 처음 만났다. 마오쩌둥은 린뱌오를 좋아했다. 멀리서 보면 먼저 달려와 손을 잡았다. 장정 시절 린뱌오는 마오쩌둥을 끝까지 추종했다. 워낙 개성이 강한 사람들이다 보니 충돌도 잦았다. 보기 싫다며 안 볼 때가 한두 번이 아니었다. 결정적인 순간에는 서로를 두둔했다. 마오쩌둥은 위기에 처했을 때마다 린뱌

징강산 시절의 전우들과 함께한
린뱌오(앞줄 왼쪽 여섯째)와 마오쩌둥(앞줄 왼쪽 일곱째).
1938년 봄, 옌안.

오를 그리워했고, 린뱌오는 부르지 않아도 달려왔다.

장정을 마친 린뱌오는 2차 국·공합작에 성공하자 항일군정대학 학생 류신민과 결혼했다. 고향에 결혼소식을 알렸다. "너는 사람도 아니다"는 답장을 받았다. 장인은 화병으로 세상을 떠났다.

옌안 최고의 미인이었던 류신민은 린뱌오와 성격이 판이했다. 노래도 잘하고 춤도 잘 췄다. 린뱌오의 총상을 치료하기 위한 소련행도 함께했다. 린뱌오는 소련 측의 만찬 초청이나 댄스파티에 한 번도 응하지 않았다. 류신민의 외부 출입도 금지시켰다. 저우언라이가 그러지 말라고 말려도 막무가내였다.

류신민이 "너 같은 괴물과는 도저히 못 살겠다"고 하자 린뱌오는 이혼을 선언하고 혼자 귀국했다. 소련에 남은 류신민은 린뱌오의 군관학교 후배와 가정을 꾸렸다.

린뱌오와 결혼한 예징이는 왕징이의 얘기를 들었다. 이름이 같아서 기분 나쁘다며 예췬으로 개명해버렸다. 왕징이는 한 번 문틈으로 본 린뱌오를 평생 잊지 못했다. 다른 사람과 결혼을 권해도 절대 듣지 않았다. 많은 일화를 남겼다.

장메이 미모에 말까지 더듬은 청년 장군 린뱌오

하늘은 공평하다. 산시 성 북부 산베이(陝北), 황토 고원지대의 중심부에 위치한 미즈 현은 수천 년간 내세울 게 없었다. 대신 미인이 많았다. 류신민은 미즈가 배출한 대표적인 미녀였다. 린뱌오와 류신민 사이에서 태어난 린샤오린(林曉霖)도 어릴 때부터 엄마가 미인이라는 소리를 많이 들었다.

"엄마는 옌안의 꽃이었다. 여자 팔로군 중에서 제일 예뻤다. '산베이이즈화'(陝北一枝花, 산베이의 꽃 한 송이)라면 모르는 사람이 없을 정도로 공인된 미녀였다. 아버지는 그저 그랬다. 작은 키에 생긴 것도 평범했다. 특별한 매력도 없었다. 거대한 명성 덕에 엄마와 결혼할 수 있었다. 중학생 시절, 친구들이 나보고 린뱌오를 닮았다고 할 때마다 싫었다. 그애들은 내가 누구 딸인지 몰랐다."

류신민의 아버지는 공산당 지하당원이었다. 마을사람들과 조세저항 운동을 벌이다 8년 형을 선고받았다. 의지할 곳이 없어진 류신민은 친구 두 명과 함께 소비에트 구역을 찾아갔다. 1935년 가을, 만으로 열다섯 살 때였다.

이듬해 6월, 중공은 류신민의 입당 신청을 받아들였다. 공부를 하고 싶다고 하자 중앙당교(中央黨校)에 입학까지 시켜줬다. 당교 학생 중 나이가 제일 어렸던 류신민은 교장 둥비우의 관심을 끌었다.

"총명하고 활달했다. 모르는 건 끝까지 파고들었다. 나이를 먹을수록 용모가 빛이 났다."

청 말 과거급제자에서 무산계급 혁명가로 변신한 둥비우는 류신민이 개명을 원하자 장메이라는 예쁜 이름을 지어줬다.

1937년 봄, 홍군군정대학(항일군정대학의 전신) 교장 린뱌오가 중앙당교를 방문했다. 둥비우는 린뱌오를 교실로 안내했다. 필기에 열중하던 장메이는 교장과 함께 들어온 청년이 누군지 관심도 없었다. 린뱌오는 장메이의 미모에 눈이 번쩍했다. 교실을 나오자마자 둥비우에게 황급히 물었다.

"나를 쳐다보지도 않던 여학생은 누구냐?"

둥비우는 짐작이 갔다.

린뱌오는 둥비우에게 중매를 서달라고 정식으로 요청했다. 워낙 늙은이 행세를 하는 사람이라 안심이 안 됐던지 청년단 서기와 장메이가 잘 따른다는 작가에게까지 찾아가 매달렸다. 세 사람의 주선은 주효했다.

이튿날 해질 무렵, 강가에서 서성이던 린뱌오는 장메이가 나타나자 온몸이 얼어붙었다. 동행했던 작가 청팡우(成仿吾)가 기록을 남겼다.

"린뱌오는 평소에도 말수가 적었지만 이날따라 말까지 더듬거렸다. 장메이는 평소처럼 명랑했다. 린뱌오는 뭐가 좋은지 웃기만 했다. 노을 덕에 얼굴이 빨개진 것은 들키지 않았다. 장정 시절 수많은 신화를 남긴 30대 초반의 청년 장군을 거절할 여인은 없었다. 두 사람의 결혼이 전격적으로 성사됐다. 한동안 옌안이 떠들썩했다."

중상을 입은 린뱌오의 소련길에도 장메이는 동행했다. 모스크바에 도착한 린뱌오 부부는 코민테른 동방부 책임자 쉬제판(徐介藩)의 영접을 받았다. 쉬제판도 황푸군관학교 출신이었다. 스탈린은 항일영웅 린뱌오의 안전과 요양을 쉬제판에게 일임했다. 장메이는 쉬제판이 미래의 남편이 될 줄은 상상도 못했다.

쉬제판의 배려 덕에 린뱌오는 하루가 다르게 원기를 회복했다. 1941년 5월, 딸 샤오린이 태어났다.

린뱌오의 소련 생활은 규칙적이고 단조로웠다. 독서와 묵상, 수면

학생들에게 훈시하는 항일군정대학 교장 린뱌오.
1937년 1월 옌안.

1943년 가을,
옌안의 항일군정대학에서 강의하는 덩샤오핑.
작은 의자에 무관심한 표정으로 앉아 있는
교장 린뱌오의 모습이 이채롭다.

외에는 한눈을 팔지 않았다. 유일한 취미가 지도 보기였다. 세계지도를 펼쳐놓고 밤새우는 날이 하루 이틀이 아니었다. 운동도 싫어했다. 외출도 거의 안 했지만, 가끔 사냥은 나갔다. 사냥 방법도 특이했다. 허공에 대고 방아쇠를 당길 뿐 산 짐승을 겨누는 법은 없었다. 부권사상(夫權思想)의 추종자였던 린뱌오는 부창부수(夫唱婦隨)라며 장메이에게도 따라 할 것을 요구했다. 젊고 활달한 장메이는 3년간 연일 반복되는 생활에 염증을 느꼈다.

샤오린 출생 1개월 후, 독일이 소련을 침공했다. 코민테른은 모스크바에 체류 중인 중공 간부들의 귀국을 결정했다. 린뱌오도 귀국길에 올랐다.

2007년 가을, 87세의 노인 장메이는 60여 년 전을 담담하게 회상했다.

"린뱌오는 당의 고급간부였다. 코민테른의 명령에 복종해야 했다. 당시 중국 공산당은 코민테른의 지부(支部)에 불과했다."

모스크바를 떠나는 날 린뱌오와 이별하면서 신신당부하는 얘기도 빼놓지 않았다.

"이곳에 남아서 마오 주석의 부인 허쯔전(賀子珍)과 함께 아이들을 돌봐라. 내 딸도 부탁한다. 러시아어를 열심히 공부해라. 귀국하면 내 러시아어 통역은 네가 맡아라. 네가 귀국하는 날, 말을 타고 달려가 너를 맞이하겠다."

옌안에 돌아온 린뱌오는 마오쩌둥이 상하이의 영화배우 출신 장칭(江靑)과 결혼한 것을 알았다. 우습게 알던 덩샤오핑이 세 번째 결혼에 성공했다는 말을 듣자 생각이 많아졌다. 린뱌오도 항일군정대학 교장에 취임하자 아나운서 출신 예췬과 결혼했다. 귀국 6개월 후였다. 만리 밖에 있는 장메이는 알 턱이 없었다. 모르기는 허쯔젠도 마찬가지였다.

무너지는 제국 3

해가 바뀔 때마다 첫 번째 내방객은
일본 공관원들이었다. 생일날도 푸이의 거처에 떼로
몰려와 만세를 부르며 만수무강을 기원했다.
일본 측의 환대에 푸이도 가만있을 수 없었다.
천장절(일왕의 생일)이 되면 기념식에 참석해
'천황 만세'를 불렀다. 대본영에서 왔다는 일본군 참모의
중국 사정 분석은 푸이를 흥분시키고도 남았다.
"중국이 혼란한 이유는 황제가 없기 때문입니다.
현재 중국의 민심을 하나로 할 사람은
선통황제가 유일합니다."

마적의 아들을 사랑한 황족

"방탕이 문제지, 음탕한 건 흠이 아니다."

장쉐량 사진 보고 침 삼킨 '마지막 황제'의 제수 탕스샤

탕스샤(唐石霞, 1904~?). 중국인들에게도 익숙한 이름은 아니다. 1949년 홍콩으로 이주했다는 기록이 있다. 홍콩 생활이 어땠는지는 알 길이 없다. 가명으로 서화전을 연 것 외에는 언제 죽었는지도 불분명하다. 1980년대 중반까지만 해도 탕스샤의 산수화와 글씨들이 돌아다녔다. 그래도 주목은 받지 못했다.

1991년 장쉐량의 입에서 탕스샤로 추정되는 여인의 이야기가 튀어나왔다.

"젊은 시절 푸제(溥傑, 청나라 마지막 황제 푸이의 남동생)와 친했다. 어쩌다 보니 그의 부인과 가까워졌다. 한때 은밀한 사이였기에 누구라고 이름은 밝히지 않겠다. 서장대신(西藏大臣, 티벳의 행정장관)의 딸이었던 그 여인은 한때 푸이의 부인이 될 뻔한 적도 있었다. 평소 아버지는 '음탕한 여자가 매력은 있지만, 잠시라면 몰라도 오래 만날 건 못 된다'는 말을 자주 했다. 내게 아버지의 말이 맞다는 걸 일깨워준 여자였다. 머릿속에 쓸데없는 교양만 가득 차 있었다. 지혜라곤 손톱만큼도 없었다. 총명이 극에 달했지만 몸가짐은 형편없었다. 몰래 만나는 남자가 나 말고도 많았다. 나를 갖고 놀려고 했다."

장쉐량의 말이 입소문을 타자 싱거운 호사가들이 분주해졌다.
"탕스샤가 분명하다. 아직도 어딘가에 살아 있을지 모른다. 어떻게 생겼기에, 민국 4공자 중 두 사람인 장쉐량과 루샤오쟈(卢筱嘉)의 정부(情婦)였는지 한번 봤으면 원이 없겠다. 장쉐량과의 인연은 오래 가지 않았다."

마지막 황제 푸이와 동생 푸제의 여인들이 화제의 인물로 등장했다. 세 살 때 황위에 오른 푸이는 광서제(光緒帝)의 황후 융유태후(隆裕太后)와 태비(太妃)들 틈에서 성장했다. 자식이 없던 태후는 푸이에 대한 정이 각별했다. 항상 혼자서 푸이를 끼고 돌았다. 태비들은 융유의 기세에 눌렸다. 젖먹이 황제에게 장난감을 쥐어줄 때도 태후의 눈치를 봤다.

태후가 세상을 떠나자 네 명의 태비들이 푸이를 놓고 각축전을 벌였다. 근비(瑾妃)가 나이도 많고 친정이 든든했다. 근비는 친정 조카들을 궁궐로 끌어들였다. 조카들 중에는 예쁜 여자애들이 많았다. 탕스샤가 돋보이자 다른 애들은 출입을 금지시켰다. 탕스샤는 시(詩)·서(書)·화(畵)에 능했다. 요리 솜씨도 뛰어났다. 근비는 소문난 미식가였다. 궁중에서 자란 탕스샤는 어릴 때부터 푸이와 친했다. 푸이도 두 살 위인 탕스샤를 누나라 부르며 잘 따랐다. 푸이가 결혼할 나이가 되자 태비들은 긴장했다. 근비가 건재하는 한, 황후감은 탕스샤가

완룽(婉容, 뒷줄 왼쪽 둘째), 원슈(文繡, 뒷줄 왼쪽 셋째),
탕스샤(오른쪽 첫째)를 데리고 꽃구경 나온 근비.
1921년 무렵. 자금성 어화원(御花園)으로 추정.

가장 유력했다. "탕스샤가 황후가 되면 자금성(紫禁城)은 근비의 손에 들어간다"며 세 명의 태비가 힘을 합쳤다. 근비는 정치적 수완이 뛰어났다. 생각지도 않았던 완룽을 황후로 추천했다. 태비들은 불평할 이유가 없었다. 푸이는 같은 날 완룽과 원슈, 두 명의 여인과 결혼했다. 근비는 황후를 꿈꾸던 탕스샤에게 이유를 설명했다.

"너는 방탕한 게 흠이다. 황후감은 아니다. 너보다 세 살 정도 어린 남편감을 구해주마."

약속도 지켰다. 탕스샤가 20세가 되자 푸제에게 출가시켰다. 당시 푸제는 열일곱 살이었다. 탕스샤는 동서들(완룽과 원슈)끼리 원만하게 지냈다. 남편과는 결혼 첫날부터 삐걱거렸다. "황실은 망해 싸다. 무슨 남자들이 쓸데없는 교양으로만 가득 차 있다. 게을러터진 것들이, 먹고 마시고 치장하는 것 외에는, 제대로 할 줄 아는 게 하나도 없다. 조상들에게 물려받은 골동품을 들고 황제에 복귀할 꿈만 꾸는 한심한 사람들"이라며 투덜거렸다. 난세에는 총 가진 사람이 제일이었다. 신문에서 청년 원수 장쉐량의 사진을 볼 때마다 탕스샤는 침을 꼴깍 삼켰다.

뜻이 있는 곳에 길이 있는 법, 결혼 2년 후인 1926년 봄, 푸제와 함께 베이징 반점에 춤추러 갔다가 28세의 장쉐량이 들어오는 것을 먼발치에서 봤다. 동북군들의 경호가 어마어마했다. 살벌할 정도였다. 다가갈 엄두도 못 냈다. 장쉐량이 제 발로 인사하러 오자 당황했다. 남편이 장쉐량과 친구 사이라는 것을 비로소 알았다. 탕스샤가 장쉐량을 집으로 초청했다. 장쉐량은 이날의 일을 구술로 남겼다. 푸제도 이날을 잊지 못하고 훗날 회고록에서 상세히 기술했다.

중국 역사상 마지막 황후였던 완룽(왼쪽)의 마지막은 비참했다.
사람을 알아보지 못하고 자신이 누구인지도 몰랐다.
자금성 시절 영어 가정교사와 함께한 완룽. 연도 미상.

푸제(왼쪽)의 젊은 시절.

마지막 황제 푸이는 '거친 남자'

푸이와 푸제는 연년생으로 생긴 것도 구분이 안 갈 정도로 비슷했다. 쌍둥이로 착각하는 외국인이 많았지만 성격은 판이했다.

세 살 때 등극한 푸이는 어릴 때부터 궁중의 예의범절을 익히고 "황제는 겸허하고 자애로워야 한다"는 교육을 받다 보니 첫인상은 좋아 보였다. 하지만 실제 생활은 거칠었다. 유아독존이 몸에 배어 있었다. 내시들에게 몽둥이찜질하기를 좋아했다. 핑곗거리는 만들면 됐다. 엉뚱한 명령을 내릴 때도 많았다.

"너희들은 지금 이 순간부터 개다. 개처럼 네 발로 걸어라."

말이 떨어지기가 무섭게 내시들은 엉금엉금 기어다녔다. 멍멍 소리가 작으면 푸이의 몽둥이가 춤을 췄다.

푸제는 형과 달랐다. 겸손하고 말수가 적었다. 내시들을 함부로 대하지 않았다. 부인 탕스샤는 남편의 이런 성격을 싫어했다. 미덕이 아니라며 떨어져 사는 날이 많았다. 속으로 청년 원수 장쉐량을 흠모했다. 장쉐량에 비하면 남편이나 푸이 따위는 성에 안 찼다. 옆에 붙어다니는 황족이라는 것들도 무능하기는 매한가지였다. 인력거를 끌거나 전당포를 출입할 날이 멀지 않아 보였다. 장쉐량을 흠모하기는 푸제도 마찬가지였다.

"1926년, 20세 때 장쉐량을 처음 만났다. 내 인생에 가장 큰 사건이었다. 나는 이 청년 장군을 하늘처럼 우러러 봤다. 일거일동을 주시했다. 모든 사람이 존경하는 것을 보고 대장부는 저래야 된다는 생각이 들었다. 이유가 궁금했다. 알고 보니 순전히 무력 때문이었다. 우리 집안이 지난날의 영광을 회복하려면, 총잡이들부터 장악해야 한다는 것을 깨닫고 장쉐량을 찾아갔다. 군인이 되고 싶다고 털어놨다."

장쉐량도 푸제에게 후한 점수를 줬다.
"푸제는 사람이 괜찮았다. 나를 잘 따랐다. 나도 남처럼 대하지 않았다."
탕스샤에 대해서는 험담과 칭찬을 오락가락했다.

"훔쳐먹는 과일이 더 맛있는 법이다. 푸제의 첫째 부인은 내가 만난 여자 중에서 가장 고약한 여자였다. 뒷맛이 씁쓸했다. 매력은 당대에 따를 만한 여자가 없었다. 황후감으로도 손색이 없었다. 사람을 휘어잡는 힘이 있었다. 금방 들통이 나서 그렇지, 연기력도 뛰어났다. 정치가가 되었더라면, 세상을 우롱하고도 남을 여자였다. 방탕하고 음탕하다며 비난하지만 처신 하나만은 훌륭했다. 방탕이 문제지, 음탕한 건 흠이 아니다."

군인이 되고 싶다는 푸제의 청을 장쉐량은 선뜻 들어줬다.

"군인은 사람을 죽이기 위해 온갖 지혜를 짜내야 하는 직업이다. 아무나 하는 게 아니다. 백정과 비슷한 사주팔자를 갖고 태어나야 성공할 수 있다. 그래도 하고 싶으면, 군관학교에 들어가라. 동북에 가면 강무당이 있다. 나도 그곳에서 군사학을 배웠다. 우리 아버지가 세운 군관학교다. 입학은 내가 책임지마. 입학만 하면, 동북의 영화관은 모두 무료다."

탕스샤는 남편 푸제와 함께 베이징 반점에 갔다가 장쉐량을 처음 만나 푸제가 옆에 있건 말건 장쉐량을 집으로 초청했다. 거절할 장쉐량이 아니었다.

"다음 날 푸제의 집으로 갔다. 마침 여동생들도 와 있었다. 하나같이 귀태가 넘쳤다. 범접하기 힘들었다. 특히 막내 여동생 윈잉(韞穎)은 도도하기가 이루 말할 수 없었다. 내게 눈길 한번 안 줬다. 부인이 비단 보자기에 싼 두툼한 물건을 선물이라며 내게 건넸다. 선물을 풀어본 나는 경악했다. 몇 년간 신문에 실린 나에 관한 기사들이 예쁘게 정리돼 있었다. 이 여자가 내게 생각이 있다고 직감했다."

장쉐량이 탕스샤에게 고개를 끄덕이자 탕스샤도 살짝 눈을 흘기며 화답했다. 푸제는 장쉐량의 방문을 기념하기 위해 시를 한 수 짓겠다며 화선지와 씨름하고 있었다. 이날 이후, 탕스샤는 장쉐량의 거처를 뻔질나게 드나들었다. 푸제와는 차도 같이 안 마셨다. 탕스샤가 장쉐량의 정부라는 소문이 베이징 시내에 짜하게 퍼졌다. 푸제 한 사람 외에는 모르는 사람이 없었다. 삼삼오오 모여앉아 이야기꽃을 피우던 사람들은 푸제만 나타나면 입을 닫았다. 헛기침을 하며 키득거렸다.

푸이(가운데 안경 쓴 사람)와 푸제(맨 뒤)는
동생들과 우애가 깊어 여동생들을 끔찍이 챙겼다.
뒷줄 오른쪽이 윈잉. 1926년 톈진.

장제스의 북벌군이 베이징을 압박했다. 장쉐량은 동북으로 철수할 준비를 서둘렀다. 푸제가 전화로 칭얼거렸다.

"네가 떠나면 동북강무당 입학을 의논할 사람이 없다. 방법을 일러 주기 바란다."

장쉐량은 정신이 번쩍 들었다.

"부인과 함께 톈진으로 가라. 프랑스 조계에 가면 내 둘째 부인이 있다. 그곳에 머무르면 내가 연락하마."

푸제는 시키는 대로 했다. 탕스샤도 군말이 없었다. 몇 달 후, 장쉐량이 인편에 편지를 보냈다.

"내 둘째 부인과 함께 동북으로 와라. 지금은 전시다. 여자 두 명과 함께 이동하는 것은 위험하다. 둘째 부인은 내가 전쟁터에만 데리고 다닌 전쟁부인이라 겁이 없다. 네 부인은 톈진의 내 집에 머무르게 해라."

동북으로 가던 푸제는 다롄(大連)에서 억류됐다. 그사이 톈진으로 온 장쉐량은 탕스샤와 동거에 들어갔지만 오래가지 않았다.

탕스샤는 호화판 억류 생활을 마치고 돌아온 푸제를 거들떠보지도 않았다. 푸이가 일본의 괴뢰로 전락하고 푸제가 일본 육군사관학교에 입학하자 사람 같지도 않은 것들이라며 황실과 완전히 결별하고 이혼을 요구했다. 그 틈을 일본 군부가 파고들었다. 푸제와 일본 여인의 결혼을 추진했다.

황제에서 평민으로

"황제 칭호를 영원히 없앤다.
푸이에게 평민 자격을 부여한다."

황제 푸이의 유모 왕렌서우

푸이는 유모 왕렌서우(王蓮壽)를 평생 잊지 못했다.

"내게는 제도가 만들어낸 많은 엄마가 있었다. 생모도 마찬가지
였다. 함께한 기억이 없다 보니 얼굴을 마주해도 어색했다. 자살로
삶을 마감했을 때도 담담했다. 내게 영원히 잊지 못할 엄마의 정을
베풀어준 사람은 유모 왕렌서우가 유일하다. 그의 품 안에서 어린
시절을 보냈다."

청 황실은 아들이 태어나면 딸을 출산한 여인 중에서 유모를 선발
했다. 딸이 태어났을 때는 그 반대였다. 1906년 가을, 청 제국 최고의
명문인 순친왕(醇親王)의 왕부(王府)에서 장남이 태어났다. 관례대
로 유모를 물색했다. 내시들을 풀어서 베이징 성내의 골목을 샅샅이
뒤졌다. 딸을 출산한 여인이 20여 명 있었다. 빈농 출신 왕렌서우도
그중 하나였다.

남편이 폐병으로 세상을 떠난 지 3개월 만에 딸을 출산한 왕렌서

1901년 두등전사대신(頭等專使大臣) 자격으로 독일에 가던 도중,
홍콩에 잠시 체류 중인 순친왕 짜이펑(앞줄 자리에 앉은 사람).
당시 18세였다.

우는 살 길이 막막했다. 순친왕 측에서 유모를 구한다는 소문을 듣자 응모했다. 왕롄서우는 빈농 집안 출신 티가 안 났다. 용모가 단정하고 유즙(乳汁)도 걸쭉했다.

왕부(王府)의 요구는 가혹했다.

"외부 출입을 금한다. 친딸을 만나서는 안된다. 머리에서 지워버려라. 매일 소금기 없는 돼지넙적다리를 한 사발씩 먹어야 한다."

왕롄서우는 굴욕적인 조건을 받아들였다. 시부모와 딸을 굶어죽게 하지 않으려면 그 방법밖에 없었다.

2년 후, 왕롄서우의 딸은 영양실조로 세상을 떠났다. 순친왕부(醇親王府)는 상심한 나머지 젖의 질이 떨어질 것을 우려했다. 딸의 사망소식을 왕롄서우에게 알리지 않았다.

1908년 10월 말, 광서제가 세상을 떠났다. 서태후는 순친왕의 장남 푸이를 차기 황제로 낙점했다. 서태후의 명을 받은 왕공대신(王公大臣)과 태감(太監)들이 순친왕부로 몰려갔다. 한바탕 쇼가 벌어졌다. 푸이의 조모는 손자를 내놓기 싫었다. 고래고래 소리를 지르며 태후를 원망하다 혼절했다. 어린 푸이도 울음보를 터뜨렸다. 무슨 눈치를 챘는지, 태감이 끌어안자 안 가겠다며 발버둥을 쳤다. 새로운 황제를 영입하러 온 왕공대신들은 속수무책이었다. 구석에서 몸을 웅크리고 있던 왕롄서우는 눈물범벅이 된 어린 푸이가 안쓰러웠다. 갑자기 달려가 태감이 안고 있던 푸이를 낚아챘다. 남들이 보건 말건 가슴을 풀어헤쳤다. 유모의 젖꼭지를 문 푸이는 그제서야 울음을 그쳤다. 유모의 품 안에서 떠날 기색이 아니었다. 왕공대신들이 머리를 맞댔다.

"어쩔 도리가 없다. 유모도 궁궐로 데리고 가자."

유모가 쫓겨난 뒤 포악해진 황제

푸이는 왕롄서우의 품에 안겨 궁궐에 들어왔다. 황제 즉위식 날도 주위를 두리번거리며 뭔가 찾는 눈치였다. 푸이의 회고록엔 이런 구절이 있다.

"나는 유모의 품 안에서 성장했다. 아홉 살 될 때까지 함께 생활하며 9년간 그의 젖을 먹었다. 다른 애들이 엄마 곁을 떠나지 않는 것처럼 나도 유모의 곁을 떠나지 않았다."

태비들은 푸이가 아홉 살이 되자 왕롄서우를 궁궐에서 내보냈다. 태감들과 충돌이 잦다는 것이 이유였다. 이 일을 계기로 푸이는 두고두고 태비들을 원망했다.

"평소 유모는 말수가 적고 뭐든지 잘 참았다. 그런 유모가 남과 다퉜다는 건 말도 안 된다. 유모가 떠난 후 나는 정을 주고받을 사람이 없었다. 인간성을 상실하자 성격이 변하고 포악해졌다. 태감들과 충돌한 원인이 나 때문이라는 생각이 들자 태감들 꼴도 보기 싫었다. 틈만 나면 몽둥이로 두들겨 팼다. 그래도 분이 풀리지 않았다. 유모는 딸이 오래전에 죽었다는 사실을 궁궐에서 쫓겨난 후에야 알았다고 한다. 태비들이 내 결혼을 서두를 때 나는 유모의 딸과 결혼하고 싶었다."

결혼을 한 푸이는 태비들 말을 들을 필요가 없었다. 고향에 가 있

푸이에게 왕롄서우는 생모 이상이었다.
흔히들 왕자오(王焦)라고 불렀다.
자금성 시절 애견을 안고 있는 왕롄서우.
연도 미상.

는 유모를 데려오기 위해 사람을 파견했다. 십여 년 만에 푸이를 만난 왕렌서우는 한 번 웃고는 별 말이 없었다고 한다.

"유모와 함께 보내는 시간이 많아지자 마음이 편했다. 유모에게 딸 소식을 물었다. 진작 죽었다는 말을 듣자 골육을 잃은 것 같았다. 유모는 자신의 특수한 지위를 이용하려 하지 않았다. 나나 다른 사람에게 뭐 하나 요구한 적이 없다. 성격이 온화하고 남과 다투는 법도 없었다. 말도 많이 하지 않았다. 침묵할 때가 많았다. 언제 봐도 단정한 얼굴에 가벼운 웃음을 띠고 있었다. 어릴 때부터, 그 웃음의 의미가 뭔지 궁금할 정도였다. 그의 눈은 항상 먼 곳을 응시하고 있었다. 하늘과 멀리 떨어진 곳에 있는 벽화를 좋아하는 줄 안 적도 있었다. 세월이 한참 지나서야 나의 신세나 내력 때문이라는 것을 알았다. 내게 내색 한번 안 했지만 대청 제국의 황제에서 일본의 괴뢰로 전락한 나를 바라보며 얼마나 가슴이 아팠을지 짐작이 간다."

자금성에서 쫓겨난 마지막 황제, 일본 환대에 '천황 만세'

푸이는 퇴위 후에도 13년간 자금성에 거주하며 황제 존호(尊號)를 유지하고 있었다. 1924년 10월 23일, 서북 군벌 펑위샹의 군대가 베이징을 점령했다. 총통 차오쿤부터 잡아가두고 국회를 소집했다. "황제 칭호를 영원히 없앤다. 푸이에게 평민 자격을 부여한다"는 결의안을 통과시켰다.

자금성에서 쫓겨난 푸이를 일본이 유혹했다. 궁지에 몰린 푸이는 일본이 내미는 손을 덜컥 잡아버렸다. 두 명의 부인과 유모, 동생들

자금성에서 쫓겨난 뒤 1925년,
생부인 순친왕의 왕부에 머물던 시절의 푸이(가운데).
왼쪽은 생부인 순친왕 짜이펑.

을 데리고 베이징 주재 일본 공사관에 잠입했다.

일본은 푸이에게 정성을 다했다. 푸이의 옛 신하들에게도 소홀히 하지 않았다. 냉철하고 근엄한 당대의 명망가들이 흔들리기 시작했다. "일본의 힘을 이용하면 다시 황위에 오를 수 있다"며 푸이를 부추겼다.

푸이도 일본에 호감을 느끼기 시작했다. 동생들을 모아놓고 일본을 칭찬하는 날이 많았다. 황후 완룽이 기모노를 입고 나타나도 탓하지 않았다. 친동생 푸제가 장쉐량과 가깝다는 이유로 동북강무당에 입학하려 하자 만류했다. "동북에는 절대 가지 마라. 장쉐량은 흉악한 놈이다. 언제 우리를 죽일지 모른다"며 푸제와 처남 룬치(潤麒)에게 일본 유학을 권했다.

"일본에 가서 군사학을 배워라. 일본이 싫으면 영국으로 가라. 나도 영국 유학을 갈 생각이다. 영국 왕자도 내게 오라는 편지를 여러 통 보냈다."

일본은 푸이에게 더 안전한 곳을 물색했다며 톈진행을 권유했다. 톈진에는 일본 조계가 있었다. 1925년 2월 23일, 푸이는 톈진 주재 일본 총영사 요시다 시게루(吉田茂, 일본 패전 후 총리가 됐다)와 공관원들의 안내를 받으며 톈진행 열차에 탑승했다. 이튿날 『순천시보』(順天時報)에 푸이의 근황이 큼지막하게 실렸다.

"전 선통황제가 베이징을 떠났다. 동생들도 오늘 아침 톈진행 열차를 탔다. 한동안 톈진에 머물 것으로 추측된다. 최종 행선지는 밝혀지지 않았다."

톈진에 도착한 푸이는 날이 갈수록 일본을 신뢰했다. 자신을 다시

황제 자리에 앉힐 외부세력이 분명하다고 확신했다. 훗날 회고록에
서 당시의 심경을 털어놨다.

> "총영사 요시다는 신하처럼 정중했다. 하루는 일본인 소학교를
> 참관하자고 청했다. 거리에 늘어선 일본학생들이 깃발을 들고 나
> 를 반겼다. 만세를 부르며 환호했다. 오랜만에 들어본 만세소리에
> 감탄을 금치 못했다."

텐진 주변에서 군벌들 간의 내전이 극에 달했을 때도 요시다는 푸
이의 근심을 덜어줬다. 주둔군 사령관과 함께 전황을 보고했다.

"황제께서는 안심하시기 바랍니다. 조계 내의 각국 주둔군들이 연
합군을 조직했습니다. 중국 군대는 한 발자국도 못 들어옵니다."

해가 바뀔 때마다 첫 번째 내방객은 일본 공관원들이었다. 생일날
도 푸이의 거처에 떼로 몰려와 만세를 부르며 만수무강을 기원했다.
일본 측의 환대에 푸이도 가만있을 수 없었다. 천장절(일왕의 생일)
이 되면 기념식에 참석해 '천황 만세'를 불렀다. 대본영에서 왔다는
일본군 참모의 중국 사정 분석은 푸이를 흥분시키고도 남았다.

"중국이 혼란한 이유는 황제가 없기 때문입니다. 현재 중국의 민심
을 하나로 할 사람은 선통황제가 유일합니다."

푸이는 푸제와 룬치를 일본육군사관학교에 보내기로 결심했다. 푸
제는 부인 탕스샤에게 알리지도 않고 일본으로 떠났다. 상하이에 머
물던 탕스샤는 이 소식을 듣고 입에 거품을 물었다.

"한때 황제와 황제의 동생이었던 사람들이 꼴좋다. 다시는 저 사람

일본 육군대학 시절의 푸제(앞줄 왼쪽 둘째)와 룬치(왼쪽 첫째).
앞날을 예측이라도 한 듯 표정이 심란해 보인다.
1943년 4월 23일 도쿄.

들과 상종하지 않겠다."

탕스샤는 온갖 남자들과 어울렸다. 그렇지만 일본인들에게는 눈길도 안 줬다.

1931년 9월, 일본 관동군이 동북을 점령했다. 일본 군부는 동북을 중국에서 떼어내기로 작정했다. 중국에 와 있던 특무기관원과 군인들을 동원해 푸이를 동북으로 이전시켰다. 푸이를 만주국 황제에 앉힌 일본 군부는 푸제를 일본 귀족의 딸과 결혼시켰다. 정략결혼이었지만 푸제 부부는 금실이 좋았다.

일본 군부는 푸이와 푸제를 이간질시켰다. 만주국 제위계승법(帝位繼承法)을 발표했다. 푸이의 의심벽이 발동했다. 의심처럼 무서운 것도 없다. 푸이는 유모를 제외한 모든 사람을 의심하기 시작했다. 푸제도 예외일 수 없었다.

"제수는 나를 독살하려는 일본 밀정"

자금성에서 쫓겨난 푸이가 톈진의 일본 조계에 거처를 정하자 옛 신하(遺老)들이 몰려들었다. 한결같이 후사(後嗣)를 걱정하며 부인 감을 물색했다. 푸이의 생부 짜이펑(載灃)은 자식의 결함을 잘 알았기에 "소용없다"며 충성스러운 신하들을 말렸다. 자세한 설명을 곁들이자 다들 뜻을 접었다.

푸이는 황후 완룽을 비롯해 부인이 다섯 명 있었다. 소생이 없다 보니 성 불구자, 호모 등 별 소문이 다 나돌았다. 마지막 부인이었던 리수셴(李淑賢)의 구술에 따르면 호모는 아니었다고 한다. 푸이를 만주국 황제로 앉힌 일제도 푸이의 신체적 결함을 알고 있었다.

1931년 겨울, 만주국 황제에 취임하기 위해
뤼순(旅順)을 떠나기 직전의 푸이(오른쪽 둘째) 형제와
황후 완룽 남매. 완룽이 정신이상 증세를 보이자
일제는 푸이도 일본 여인과 결혼시키려는 계획을 세웠다.
눈치를 챈 푸이는 서둘러 탄위링을 귀인으로 맞이했다.

일제는 후작의 딸 사가 히로(嵯峨浩)와 푸제의 결혼을 추진했다. 덕혜옹주와 가쿠슈인(學習院, 메이지 시대 초기에 설립된 황실과 귀족을 위한 교육기관) 시절 한 반이었던 사가는 괜찮은 여자였다. 일본 관동군은 푸제와 탕스샤의 이혼부터 서둘렀다. 상하이에 있는 탕스샤를 수소문했다. 소재가 파악되자 회유에 나섰다. 정보참모가 거금을 들고 탕스샤를 찾아갔다. 탕스샤는 회유할 필요가 없었다. 이혼소송 서류를 내밀자 "不敢請 固所願"(불감청 고소원)이라고 낭랑한 목소리로 말했다. 감히 청하지는 못하지만 바라던 바라며 『맹자』(孟子)의 한 구절을 읊조렸다. 말이 부부지, 청나라 황실과는 남이 된 지 오래라며 선뜻 도장을 찍어줬다. 금품도 거절했다.

"중국인 난봉쟁이들 등쳐먹는 게 떳떳하다. 일본인이 주는 돈은 받지 않겠다."

일제가 푸제와 일본 여인의 결혼을 획책한다는 소문이 떠돌자 푸이도 앉아만 있지 않았다. 만주 귀족의 후예 중에서 제수감을 물색했다. 그러나 문제는 푸제였다. 푸제는 사가에게 한눈에 반했다. 사가도 푸제를 좋아했다. 푸제 얘기만 나오면 얼굴을 붉히며 방으로 뛰어들어가 콧노래를 불렀다. 푸제는 푸이의 만류를 한 귀로 흘려버렸다. 1937년 4월 3일, 도쿄의 군인회관에서 사가와 결혼식을 올렸다. 1년 후, 일본 관동군은 푸이를 압박해 만주국 제위계승법에 서명을 받아냈다.

"만주국의 황제는 강덕(康德, 푸이의 연호)황제의 아들과 손자가 대를 이어 계승한다. 장자 계승을 원칙으로 한다. 장자가 없을

1937년 4월 3일.
푸제와 히로의 결혼식 사진.

때는 장손이 계승한다. 장자와 장손이 없으면 차남과 그 자손이 계승한다. 황제에게 아들과 손자가 없으면, 형제와 형제의 자손들이 계승한다."

무솔리니와 히틀러가 만주국을 승인하자 푸이는 의기양양했다. 만주국 황제의 대를 이을 황태자를 보겠다며 여인을 물색했다. 지인의 소개로 알게 된 17세 소녀 탄위링(譚玉齡)을 귀인(貴人)에 봉했다. 푸이는 탄위링을 총애했다. 푸이의 내면세계만 연구한 사람이 재미있는 분석을 한 적이 있다.

"남자들은 좋아하는 여자의 모습을 사진으로 남기고 싶어 한다. 푸이는 촬영을 좋아했다. 평생 수천 장의 사진을 찍었다. 직접 찍은 탄위링의 사진이 서른세 장 남아 있다. 황후 완룽의 사진은 여덟 장에 불과하다. 이 점만 보더라도 푸이가 탄위링을 얼마나 좋아했는지 알 수 있다. 1942년, 탄위링이 병으로 죽자 일본인이 독살했다고 굳게 믿었다. 마지막 황제는 죽는 날까지 탄위링의 사진을 품고 다녔다."

푸이는 사가와 함께 나타난 푸제를 경계했다. 사가는 자신을 독살하기 위해 일본이 파견한 첩자라고 단정했다. 푸이는 무슨 일이 있어도 저녁은 동생들과 식탁을 마주했다. 사가는 요리에 일가견이 있었다. 항상 새로운 요리를 한 가지씩 들고 왔다. 푸이는 푸제가 먹는 것을 확인하고 나서야 젓가락을 댔다. 탄위링과 여동생들에게도 당부

푸이가 찍은 탄위링. 연도 미상.

하는 것을 잊지 않았다.

"사가가 만든 음식에 독이 들어 있을지 모른다. 푸제가 먹기 전에
는 절대 먹지 마라."

푸제가 식사 자리에 나오지 않으면 갑자기 속이 불편하다며 배를
부둥켜안았다. 여동생들에게 한 눈을 찡긋하고 일어섰다. 사가가 임
신하자 푸이는 초조했다. 푸제를 불러서 화를 냈다.

"네 처는 일본 밀정이다. 관동군은 일본인 혈통을 만주국 황제에
앉히기 위해 너를 일본 여자와 결혼시켰다. 네 아들이 태어나면, 나
는 독살당하고 너도 온전치 못하다. 아이를 유산시켜라."

푸제는 형의 말을 거역했다. 사가를 푸이 근처에 얼씬도 못하게 했
다. 사가가 딸을 순산하자 푸이가 가장 반가워했다.

일본에서 소련으로, 다시 중국으로

1945년 8월 8일, 일본에 선전포고한 소련은 관동군 사령관에게 비
밀문건을 보냈다.

"만주국 황제 푸이를 우리 측에 인도해라. 장소는 선양 비행장, 시
간은 8월 17일 정오. 착오 없기 바란다."

1945년 8월 16일, 압록강 인근의 폐광 창고에서 만주국 마지막 어
전회의가 열렸다. 퇴위를 선언한 푸이는 공포에 휩싸였다. 훗날 회고
록에 당시의 심경을 털어놨다.

"만주국 황제 시절, 1년에 한 번씩 관동군의 안배로 지방을 순시
했다. 한번은 옌지(延吉)의 조선족 지구를 둘러본 적이 있었다. 전

첫딸과 함께 단란한 가정을 이룬 푸제와 일본인 부인.
연도 미상.

용 열차가 지나는 곳마다 일본 헌병과 만주군들이 넘쳐났다. 수행한 관동군 장군에게 이유를 물었더니 토비들 때문이라고 했다. 토비가 뭐 대단하기에 이렇게 많은 병력이 필요한지 의아했다. 이 지역의 토비는 거의가 공산당이라는 설명을 듣자 이해가 됐다."

푸이는 잠시도 폐광마을에서 지체할 생각이 없었다. 여자들을 떼어놓고 선양으로 향했다. 1년 후 황후 완룽이 옌지의 감옥에서 병사하리라곤 상상도 못했다. 선양 공항에 도착한 푸이 일행은 소련군과 조우했다. 동행했던 공친왕(恭親王)의 손자가 기록을 남겼다.

"일행은 푸제, 처남 룬치, 경호실장, 주치의 등 모두 아홉 명이었다. 소련군은 휴게실에 차와 간단한 음식을 차려놓고 기다리고 있었다. '너희들은 우리의 포로다. 지금 이 순간부터 소련군의 명령에 복종해야 한다'고 했지만 태도는 정중했다. 의심이 많은 푸이는 음식에 손을 대지 않았다. 먹기를 마치자 비행기 있는 곳으로 안내했다. 붉은 별이 큼지막하게 그려진 소련 비행기였지만 자세히 보니 미국의 더글러스 사가 만든 항공기였다. 뭐가 뭔지 머릿속이 복잡했다. 엔진 돌아가는 소리가 요란했다. 신해혁명 이후 하루도 편할 날이 없었다. 곰곰이 생각해보니 관동군이 우리를 소련 측에 팔아넘겼다는 확신이 들었다. 앞으로 무슨 피곤한 일들이 벌어질지 생각만 해도 한숨이 나왔다. 비행기에서 내려다본 농촌 풍경은 평화로웠다."

푸이의 첫 번째 기착지는 치타(러시아 남동부 도시)였다. 공항에 도착하자 중국인이 다가왔다. 푸이는 깜짝 놀랐다.

"장제스가 나를 인수하러 보낸 사람인 줄 알았다. 알고 보니 중국계 소련인이었다. 세상천지에 중국인이 없는 곳은 없다는 생각이 처음 들었다. 포로생활은 그런대로 지낼 만했다. 철조망 안이었지만 단독건물에 거주하며 중국에서 함께 온 일행의 시중을 받았다."

소련 측은 푸이의 수중에 엄청난 보물들이 많다는 것을 알고 있었다. 그것을 기증받기 위해 무던히 애를 썼다. 그럴 때마다 푸이는 조상들이 남긴 유물이라며 딱 잡아뗐다. 대신 수용소 소장이나 지역 사령관에게 비누와 치약을 자주 선물했다. 푸이의 선물을 받을 때마다 사령관과 소장은 희희낙락했다. 말이 비누나 치약이지 그 안에는 큼직한 다이아몬드가 박혀 있었다.

푸이는 소련의 환심을 사기 위해 『자본론』과 레닌의 저술들을 구입했다. 포로로 끌려온 만주국의 대신·장군들과 학습반을 만들었다. 특히 『소련 공산당사』는 밑줄까지 그어가며 열심히 읽었다. 아무리 봐도 무슨 말인지 이해가 안 갔다. 동생 푸제를 붙잡고 푸념했다.

"아무리 거창한 이념이나 소신도 결국은 다수를 홀리는 도구에 불과하다는 것을 비로소 알았다. 인간세상도 동물세계와 다를 바 없다. 먹느냐 먹히느냐가 가장 중요하다. 그간 우리는 허구한 날 먹히기만 했다. 혁명파들에게 먹혔고, 위안스카이와 장제스, 일본군에게 먹혔다. 지금 중국은 내전 중이다. 누가 이기건 우리는 살

만주국 황제 시절 군복을 착용한 푸이.
연도 미상.

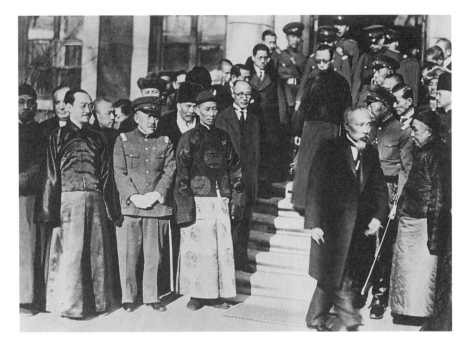

만주국 황제 시절, 일본군과 만주국 대신들에게
둘러싸인 푸이(계단 가운데 안경 쓴 사람).
1933년 가을 만주국 수도 신징(新京. 지금의 장춘長春).

아남기 힘들다. 당장은 소련이 가장 안전하다. 소련은 영국·미국과 맹방이다. 이곳에 머무르다 기회를 봐서 미국이나 영국으로 가자. 지금 내 손에는 엄청난 귀금속이 있다. 이것만 있으면 나머지 삶은 걱정 안 해도 된다. 유모와 동생들까지 불러서 편하게 살자. 네 처는 일본 여인이라 안 된다."

푸이는 혼자 남은 유모가 자살한 줄 몰랐다. 푸이는 스탈린에게 "소련에 머물고 싶다"는 편지를 보냈다. 마오쩌둥과 장제스를 저울질하던 스탈린에게 푸이는 안중에도 없었다. 공산당이 내전에서 승리했다. 저우언라이가 푸이의 송환을 요청하자 스탈린은 승인했다.

누르하치가 첫 깃발 날린 푸순에서 '전범 수감'된 마지막 황제

2012년 봄, 성을 청(程)씨라고 밝힌 노인이 창춘(長春)의 허름한 빵집에서 62년 전에 겪었던 일을 회상했다.

"1950년 8월 3일 동틀 무렵, 중·소 국경마을 수이펀허(綏芬河)엔 전운이 감돌았다. 당시 나는 21세로 동북 인민정부 외사국 간사였다. 비밀 임무를 수행하기 위해 역에 도착해보니 새벽 4시였다. 사방에 매복을 끝내고 무장병력을 철로변에 배치한 후 전투태세를 선포했다. 그날따라 유난히 밤안개가 짙었다."

노인의 회고는 그칠 기색이 없었다.

"6시 무렵, 소련 방향에서 울리는 기적 소리가 정적을 깼다. 육중한 열차가 안개를 뚫고 모습을 드러내자 다들 긴장했다. 객차 문이 열리고 무장한 소련 군인들이 먼저 내렸다. 잠시 후, 키가 170센티미터 남짓한 40세 정도의 중년 남자가 모습을 드러냈다. 흑색 양복에 검은 테 안경, 손에는 가죽 가방을 들고 있었다. 사방을 두리번거리며 공포에 질린 모습이 아직도 생생하다. 나는 한눈에 누구인지를 알아봤다."

상부의 지시를 받고 현장에 나와 있던 푸순(撫順) 전범관리소 간호사도 훗날 구술을 남겼다.

"푸이는 만주국 황제 시절에도 검은 테 안경을 쓰고 있었다. 1938년, 33세의 푸이가 선양을 방문했을 때, 나는 만주국 기와 일본 깃발을 들고 환영 대열 맨 앞에 서 있었다. 고관들이 땅에 닿을 정도로 머리 숙이는 것을 보고 황제가 어떤 존재인지를 실감했다. 어릴 때부터 사진이나 초상화로 보아온 위엄 있고 화사한 모습은 찾아볼 수 없었다. 청 제국의 마지막 황제였으며, 한때 일본 천황과 나란히 마차에 앉아 도쿄 한복판을 질주했던 사내의 운명이 어떻게 될지, 생각만 해도 머리가 아팠다."

동북 인민정부 측에 신병이 인도된 푸이 일행은 중국 열차로 갈아탔다. 푸이와 함께 송환된 공친왕 손자의 구술이 흥미롭다.

일본을 방문한 푸이는 천황과 동등한 대우를 받았다.
열병식에 참석하기 위해 요요기(代代木) 연병장으로
향하는 푸이(앞줄 오른쪽)와 히로히토.
1935년 4월 9일 오전.

"중국 기차에 올라탄 우리는 사람 몰골이 아니었다. 염라대왕의 심부름꾼이 주변에 어른거리는 것 같았다. 입이 얼어붙고 숨도 제대로 쉬지 못했다. 푸이는 사색이 돼 있었다. 자신이 1급 전범인 줄 누구보다 잘 알고 있었다. 사형장으로 직행해도 전혀 이상하지 않았다."

인솔자로 보이는 사람이 나타났다.

"선포한다. 이제 너희들은 포로가 아니다. 전범죄로 모두 체포한다. 나는 저우언라이 총리의 지시에 의해 너희 일행을 조국으로 안내하러 나왔다. 우리 당의 정책과 인민정부를 믿어라. 학습에 매진해서 사상을 개조하고 새로운 사람으로 태어나기 바란다. 목적지까지 가는 도중에 몸이 불편한 사람이 있으면 언제든지 우리를 불러라."

전범 선언과 동시에 손발이 묶일 줄 알았던 푸이 일행은 반신반의했다. 의심이 많던 푸이는 말이 저렇지 그럴 리가 없다며 믿지 않았다. 선양에 도착하자 인솔자가 푸이와 전 만주국 총리 장징후이(張景惠)를 호명했다.

"따라와라. 만날 사람이 있다."

밖으로 나온 푸이는 형장으로 끌려가는 줄 알았는데 거기에 조카들이 서 있는 것을 보고 깜짝 놀랐다. "너희들까지 죽일 심산이구나. 우리 모두 조상을 만나러 가자"며 앞장섰다. 건물에 들어서자 큰 탁

저우언라이(오른쪽)는 푸이를 각별히 챙겼다.
1960년 1월 22일, 베이징 정치협상회의 접견실.
맨 왼쪽은 푸이의 숙부 짜이타오(載濤).

자에 과일·사탕·빵·담배 등이 놓여 있었다. 푸이는 "내 생각이 맞았다. 마지막 음식이니 실컷 먹자"며 닥치는 대로 입에 쑤셔 넣었다. 중국은 사형 집행 직전에 실컷 먹이는 전통이 있었다. 그때 키 크고 안경 낀 사람이 나타났다. 수행원이 가오강 주석이라고 해도 푸이는 먹기를 그치지 않았다. 당시 가오강은 동북 인민정부 주석과 중공 동북국 서기, 동북군구사령관을 겸한 동북의 최고 통치자였다. 가오강이 입을 열었다.

"5년 만에 돌아왔으니 우선 쉬고 학습을 받도록 해라."

푸이는 듣는 둥 마는 둥, 사과 씹는 소리만 요란했다. 가오강이 귀국 소감을 묻자 먹기를 그치고 쏘아붙였다.

"소감은 무슨 놈의 소감. 이왕 갈 거, 먹을 만큼 먹었으니 빨리 가자. 형장에 가기 전에 판결서나 보자."

갑자기 장내에 웃음이 터졌다. 가오강도 웃고 수행원들도 웃었다. 웃음을 멈추고 가오강이 푸이를 달랬다.

"걱정하지 마라. 두려워할 필요 없다. 일단 푸순에 가서 쉬도록 해라. 선양에는 적합한 장소가 없다."

가오강은 푸이에게 황후 완룽의 소식도 전했다.

"4년 전 옌지에서 세상을 떠났다. 조선족 부부가 정성을 다해 돌봤지만 전쟁 중이라 치료가 불가능했다. 유골을 찾으면 우리가 잘 보관했다가 돌려주마."

푸순의 전범관리소에 수용되던 날, 푸이의 심정이 어땠을지는 알 길이 없다. 푸순은 300여 년 전, 푸이의 조상인 청 태조 누르하치가 처음 깃발을 날린 곳이었다.

황제에게 이혼을 요구한 여인

"한 번도 가족이 뭔지를 생각해본 적이 없었다.
신하는 있어도 가족은 없었다."

며칠을 살아도 새처럼 자유롭게 살고 싶다

1957년 2월 8일 오후, 20세 후반의 여인이 푸순 시의 허베이(河北)
구 인민법원 문전을 서성거렸다. 위병소에 근무하던 해방군 전사가
42년 뒤 그에 대한 구술을 남겼다.

"나이를 측정하기 힘들었다. 가끔 하늘을 쳐다보며 뭔가 망설이
는 눈치였다. 이혼 수속을 밟으러 왔다기에 제1합의실로 안내했
다. 어깨가 축 늘어지고 발걸음도 무거워 보였다. 리위친(李玉琴)
일 줄은 상상도 못했다."

그날따라 법원장이 직접 여인과 마주했다. 평소 하던 대로 인적 사
항을 물었다.
"이름은?"
"리위친."
"별명이나 아명이 있으면 말해라."
"한때 푸웨이칭(溥維淸)이란 이름을 사용한 적이 있다."

"연령과 직업은."

"나이는 28세, 창춘 시 도서관 관원이다."

"용건은."

"푸이와 이혼하려 한다."

익숙한 이름을 들은 법원장은 고개를 번쩍 들었다. 앞에 앉은 여인을 넋 나간 사람처럼 바라봤다. 자세히 보니 복장은 소박했지만 용모가 수려했다. 처음 보는 남자가 놀란 표정으로 빤히 쳐다봐도 리위친은 자세를 바꾸지 않았다. 남편의 신분을 말하라고 하자 담담히 입을 열었다.

"본명은 아이신줴뤄(愛新覺羅) 푸이. 나이는 51세로 만주족이다. 황족 출신으로 청나라 황제와 만주국 황제를 역임했다. 정규교육을 받은 적은 없지만 수준은 10년간 사숙(私塾)을 다닌 사람보다 높다. 외국어 구사능력도 뛰어난 편이다. 수학은 백치에 가깝다. 현재는 전범관리소에서 개조 교육을 받고 있다. 아직은 미결수라고 들었다."

법원장은 어안이 벙벙했다. 결혼을 언제 했는지 물었다. 1943년 3월이라고 하자 그간 이혼을 요구하지 않은 이유를 물었다. 냉정함을 잃지 않던 리위친은 한바탕 훌쩍거리고 나서야 입을 열었다.

"푸이와 정상적인 부부관계를 맺는 것이 불가능하기 때문이다. 나이 차이가 많고 자원해서 한 결혼도 아니다. 개인의 행복을 위해

황제에서 평민으로 전락한 푸이(오른쪽 셋째)는
전범관리소에서 개조 교육을 받았다.

이혼하고 싶다. 그간 남편 때문에 불공정한 대우를 받았다. 푸이와 그의 가족들은 내게 아무런 관심도 없다. 남편이 황제 시절에는 감히 생각도 못했고, 지금은 전범관리소에 수감 중이라 이혼얘기를 꺼내기 힘들었다. 희생만 하라고 태어난 인생은 없다. 법원 문 앞에 와서도 한참을 망설였다. 창공을 휘젓는 새를 보고 들어올 결심을 했다. 며칠을 살아도 새처럼 자유롭게 살고 싶다. 법원이 판단해주기 바란다."

셋째 부인 사망 뒤 가난한 국수집 딸 점찍은 푸이

리위친은 정식으로 소송장을 제출하고 창춘으로 돌아갔다. 법원 측은 인민 배심원을 선정했다. 배심원들은 리위친의 행적을 탐문했다.

1942년 여름, 푸이의 셋째 부인인 귀인 탄위링이 세상을 떠났다. 관동군 참모부는 일본 여인 중에서 푸이의 새로운 신붓감을 물색했다. 사진들을 건네며 선택을 요구했다. 푸이는 자신의 사생활이 일본인들에게 알려지는 것을 싫어했다. "탄위링의 시신이 채 식지 않았다. 당분간 결혼할 생각이 없다"며 손사래를 쳤다.

푸이의 속내를 읽은 관동군은 중국인 중에서 후보자를 찾았다. 창춘의 난링(南齡)여중 교장에게 예쁜 여학생 사진을 보내라고 지시했다. 일본인 교장은 한 반에서 세 명씩 골라 사진관으로 데리고 갔다. 당시 여학생들은 사진 찍기를 좋아했다. 이유가 어떻건 무조건 따라나섰다. 워낙 맛이 없어서 하루에 열 그릇 파는 게 고작인 국수 장수 딸 리위친도 머리를 예쁘게 빗고 사진기 앞에 섰다. 60여 장의 사진을 만지작거리던 푸이는 리위친이 맘에 들었다. 유모에게 이유를 설명했다.

"천진난만하고 단순해 보인다. 나는 유치한 애가 좋다. 황후 완룽처럼 집안 좋고 똑똑한 여자는 싫다. 내 맘대로 할 수 있는 여자가 필요하다."

몇 주일 후, 두 명의 일본인이 통역을 데리고 리위친의 집에 나타났다. 리위친의 엄마는 남편이 사고라도 친 줄 알고 안절부절했다. 일본인들은 리위친의 엄마부터 안심시켰다.

"경사가 났다. 딸을 궁궐로 데려다 공부시키라는 황제 폐하의 어명이 내렸다."

옆에 있던 리위친이 끼어들었다.

"학비가 비쌀 텐데, 우린 돈이 없어요."

걱정 말라고 하자 질문을 계속했다.

"대학 진학도 가능한가요? 집에서 다닐 수는 없나요?"

일본인들은 뭐든지 가능하다며 리위친의 손을 끌었다.

푸이는 리위친을 복귀인(福貴人)에 봉했다.

"앞으로 무슨 불길한 일이 생겨도 문제없다. 네 '복'(福)자 덕에 화를 면할 수 있을 테니 두고 봐라."

리위친은 집안이 워낙 가난하다 보니 복귀인 칭호를 받고도 사람대접을 못 받았다. 푸이도 가혹하기는 마찬가지였다. 영원히 변할 수 없다며 리위친에게 21개 조항을 제시했다. 두 사람의 비극은 이때부터 시작됐다.

공부시켜준다는 말만 믿고 황궁으로 들어간 리위친

만주 구냥 리위친은 15세 때 만주국 황제 푸이의 선택을 받았다. 공부시켜준다는 말만 믿고 황궁으로 들어갔다. 시키는 대로, 하기 싫은 목욕만 며칠간 하다가 푸이의 여동생을 따라 황궁 2층으로 올라갔다. 마지막 계단을 밟는 순간, 복도에 키 큰 남자가 서 있는 것을 발견했다. 참 이상한 사람이었다. 일행을 발견하자 황급히 방 안으로 쏙 들어가버렸다. 여동생이 넓은 방으로 안내했다. 잠시 후 한 남자가 들어왔다. 방금 전, 힐끗 본 그 사람이었다.

"어깨는 넓고 허리는 가늘었다. 나이는 30세 남짓으로 복장이 특이했다. 시키는 대로 세 번 절하자 황급히 나를 일으켜 세웠다. 손이 뜨겁다며 불편한 곳이 있느냐고 물었다. 머리가 아프다고 하자 내 이마를 어루만졌다."

여자 나이 열다섯이면 한창 눈치가 빠를 때였다. 리위친은 이렇게 회상했다.

"푸이가 나를 좋아한다는 생각이 들자 용기가 생겼다. 밥을 먹었느냐는 물음에 고개를 흔들었다. 몇 가지 음식이 나왔다. 아빠가 만든 것보다 맛있었다. 어느 음식점에서 사온 것이냐고 물었더니 웃기만 했다. 허기가 가시자 공부를 어디서 하느냐고 물었다. 좋은 선생을 초청해서 공부하도록 해주겠다기에 혼자 하는 건 싫다고 했다. 지금 생각해보면 한 편의 유희였다."

푸이는 리위친이 음식을 먹고 나자 염주를 들고 근엄한 표정을 지

푸이와 형제들.
푸이는 어디를 가든 여동생들과 함께했다.

었다.

"부처님에게 일본 황군이 전쟁에서 이기게 해달라고 기원해라. 그래야 우리가 행복한 생활을 누릴 수 있다."

만주인들의 일본에 대한 증오가 극에 달해 있을 때였다. 매일 정오를 알리는 경적이 울릴 때마다, 일본 귀신들을 몰아내달라고 속으로 기도하는 묵계가 있었다. 일제가 공자 추앙 운동을 전개하자 『논어』를 쓰레기통에 집어던질 정도였다. 리위친은 무슨 말인지 의아해했다. 훗날 푸이에게 이유를 물었다. "네가 일본군이 파견한 첩자일지도 모른다는 생각이 들었다"고 하자 이해가 됐다. 푸이가 "오늘부터 내 방에서 자라"고 하자 리위친은 "혼자 있는 게 편하다"며 거절했다. 푸이도 강요하지 않았다. 다음 날 인사할 곳이 있다며 유모에게 데리고 갔다. 푸이는 유모 앞에서 어린애 같았다. 유모도 마찬가지였다. "우리 황상(皇上), 우리 황상" 하며 푸이의 어깨를 연신 쓸어내렸다. 리위친을 소개받자 유모는 인연 타령부터 해댔다.

"딸을 해산한 날 용이 내 젖을 무는 꿈을 꿨다. 친정엄마에게 꿈 얘기를 했더니 제대로 먹이지 못해 애가 돌아버렸다며 통곡을 해댔다. 며칠 뒤 순친왕부에서 유모를 구한다는 소문을 들었다. 기운이 없어서 다리를 휘청거리며 왕부를 찾아갔다. 보채기만 하던 황상은 내가 안자 울음을 그치고 생글거리더니 내 젖을 물고 잠들었다. 꿈 생각이 났다. 인연은 어쩔 수 없다."

노예 취급받던 리위친, 전범 신세된 푸이에게 '한방'

푸이는 리위친을 직접 공부시켰다. 붓글씨와 노래가 다였다. 이게 무슨 공부냐며 리위친이 화를 내자 얼굴을 붉히며 몽둥이를 들었다.

"허구 많은 사진 중에서 내가 직접 너를 선택했다. 어제도 한 여자애가 왔지만 쫓아버렸다. 내게 고마워하며 충성하는 것이 당연하다. 일본 황태후에게도 네 사진을 보냈다."

푸이는 여자를 몰라도 너무 몰랐다. 여자는 휘어잡으려고 하면 할수록 더 멀리 가버린다는 것을 깨닫지 못했다. 지켜야 할 일, 하지 말아야 할 일들을 죽 적어 내밀며 리위친에게 서명을 요구했다. 여자가 도망가고도 남을 내용이었다.

"명령에 무조건 복종하고, 생각도 나와 같아야 한다. 동쪽으로 가라면 동쪽으로 가고, 남쪽으로 가라면 남쪽으로 가라. 서쪽이나 북쪽으로 가면 안 된다. 부모 형제와 친척들은 만날 생각도 하지 마라. 머리에서 지워버려라. 황궁 내에서 지정된 곳만 다녀라. 외부 출입도 엄금한다. 노래하라면 노래하고, 춤추라면 춤춰야 한다."

이쯤 되면 노예나 마찬가지였다. 리위친의 설명을 들은 창춘 시 인민법원은 전범관리소를 찾아갔다. 981번을 달고 나타난 푸이에게 확인을 요청했다. 푸이가 수긍하자 법원은 리위친의 손을 들어줬다.

인간개조 당하는 황제 푸이

개혁은 실패하기 마련이다. 대상이 인간이기 때문이다. 개혁을 하려면 인간부터 개조시켜야 한다. 인간이 인간을 개조시키는 건 불가능하다. 결국은 제자리로 돌아오기 때문이다. 그러다 보니, 인류 역사는 실패한 개혁자들만 양산했다.

신중국은 사회주의를 표방했다. 자본주의가 체질에 맞는 중국인들을 탈바꿈시키는 것은 보통 일이 아니었다. 개조에 성공한 사례를 만천하에 선전할 필요가 있었다. 1950년 8월, 전범관리소에 수용된 푸이는 특급 전범이었다. 누가 봐도 총살감이었다. 자신도 소련에서 송환될 때 죽을 각오를 단단히 했다. 그러나 중공은 푸이를 살려줬다. 대신, 특사로 풀어주는 날까지 9년간 평민 생활에 적응할 수 있는 교육을 시켰다. 전직이 황제이다 보니 시키는 사람도 힘들고, 받는 사람도 힘들었다.

수용소 생활 1년 후, 생부 짜이펑이 세상을 떠났다. 푸이의 담당자가 구술을 남겼다.

"푸이는 친아버지가 죽었다는 소식을 듣고도 슬퍼하거나 동요하는 기색이 전혀 없었다. 한 방에 수용된 사람이 병으로 신음해도 눈길 한번 주지 않았다. 뭐 저런 사람이 다 있나 싶었다. 수천 년간 중국인들은 황제라는 이상한 동물에게 머리를 조아렸다는 생각이 들었다. 잘못도 인정하지 않았다."

전범관리소는 취조도 병행했다. 자술서부터 요구했다. 검찰관이 기록을 남겼다.

"푸이의 자술서는 거짓투성이였다. 만주국 시절 푸이 주변에 있던 사람들도 진술을 제대로 하지 않았다. 그것을 설득시키기까지 4년이 걸렸다."

푸이는 검찰관이 내미는 옛 신하들의 진술서를 보고 경악했다.

"푸이는 잔인하고 죽음을 두려워했다. 위선투성이였고, 사람을 사람 취급하지 않았다. 몽둥이로 때리고, 전기고문과 물고문도 직접 했다. 항일 투사들을 직접 고문할 때도 있었다."

이외에도 별의별 일들이 적혀 있었다.

"푸이는 일만친선(日滿親善)의 제1인자였다. 기록 영화를 보다가 일본 천황이 출현하면 벌떡 일어나 부동자세를 취했다. 모습이 사라질 때까지 미동도 안 했다. 일본군이 중국의 도시를 활보하는 장면이 나오면 요란하게 박수를 쳤다. 일본이 무조건 투항했다는 소식을 접했을 때는 가관이었다. 자신이 부덕해서 천황폐하께 큰 죄를 지었다며 자신의 뺨을 때려대며 통곡했다."

전범관리소는 푸이를 정식으로 체포했다. 푸이도 사실을 시인했다. 동북 3성을 소용돌이에 몰아넣었던 6·25전쟁이 끝나고, 국민당 잔존세력 소탕이 일단락되자 전범관리소는 푸이를 개조하기 위한 본격적인 교육에 돌입했다. 교육은 별게 아니었다. 무슨 일이건 스스

전범 푸이는 황제 시절 학대했던
넷째 부인 리위친이 면회 오는 것을
좋아했지만 결국은 이혼당했다.
붓으로 자술서를 쓰는 푸이.
1954년, 푸순.

로 해결하고, 남들과 잘 어울리면 성공이라고 생각했다. 옛 신하와 몸종들을 푸이와 한 방에 수용했다. 푸이의 일을 거드는 사람이 발견 되면 엄하게 처벌했다. 환경은 인간을 변화시켰다. 푸이는 방 청소와 식기 세척을 직접 했다. 바느질과 빨래도 제 손으로 하는 수밖에 없 었다. 밭에 나가 난생처음 노동을 하며 땀을 흘렸다. 대가로 종이 상 자를 받았다. 별것도 아닌 물건이었지만 어린애처럼 좋아했다. 전통 의학에 관한 지식이 풍부해서 환자들을 열심히 치료했다.

서신 왕래가 허락되자 리위친을 떠올린 푸이

푸이 일행이 귀국하여 전범관리소에 수용된 것은 극비 사항이었 다. 외부와의 접촉이나 서신 왕래도 불가능했다. 푸이가 애지중지하 던 여동생들과 넷째 부인 리위친도 오빠와 남편의 귀국 사실을 몰랐 다. 일본에 있던 푸제의 둘째 딸이 서신 왕래의 물꼬를 텄다. 총리 저 우언라이에게 편지를 보냈다.

"나는 전범 푸제의 딸이다. 아버지의 행방을 알고 싶다. 귀국했 다는 소문만 무성할 뿐, 소재를 알 길이 없다. 죽었다면 죽었다고 알려주고, 살아 있다면 어디에 있는지 가족들에게 알려주는 게 도 리다. 총리도 자녀가 있다면 내 말을 이해하리라 믿는다. 생사 여 부를 확인하고 편지만 주고받을 수 있다면 다른 요구는 없다."

편지를 읽은 저우언라이는 "그동안 우리가 잘못했다. 이 애의 말 이 맞다"며 전범들에게 서신 왕래와 가족 면회를 허락했다. 푸이는

푸이는 서양의학을 믿지 않았다.
전통의학 지식은 해박했다.
중의(中醫)에게 전통의학을 전수하는 푸이(왼쪽).
1954년 4월, 푸순 전범관리소.

넷째 부인 리위친의 안위를 궁금해했다. 소재를 파악해달라고 요구했다.

변소 청소하는 황제의 부인

황제건 평민이건, 인간으로 태어난 이상 가련한 인생이긴 마찬가지였다. 1945년 8월 15일, 일본이 패망하자 만주국 황제 푸이는 피신처를 물색했다. 갈 곳이라곤 일본밖에 없었다. 4일 후 일본 관동군은 일본행 비행기를 타기 위해 선양 공항에 도착한 푸이를 소련 측에 넘겼다. 소련군은 중국의 마지막 황제를 시베리아로 압송했다. 황후 완룽과 넷째 부인 리위친은 조선이 빤히 보이는 린장(臨江) 언저리에서 팔로군 소속 조선족 부대와 조우했다. 팔로군은 리위친을 가족이 있는 창춘으로 가라며 풀어줬다. 리위친은 창춘으로 가지 않았다. 톈진에 있는 청 황실의 후예를 찾아갔다. 몰락한 3류 황족은 리위친을 창고에 가둬버렸다. 옷도 제대로 입히지 않고, 밥도 굶어죽지 않을 정도만 줬다.

"너는 황제의 귀인이다. 외간 남자의 눈에 띄면 안 된다. 세수도 하지 말고, 머리에 빗질도 하지 마라. 잘 먹고 몸단장 하다 보면 딴생각할 나이다."

국·공내전에서 승리한 중공이 톈진에 입성하자 리위친은 황족의 집을 빠져나왔다. 부모가 있는 창춘에 와보니 친정은 엉망이었다. 쓰러져가는 집에 오빠는 빈털터리였고, 올케와 조카는 폐병과 뇌막염으로 죽을 날만 기다리고 있었다. 리위친은 일자리를 찾았다.

"시(市) 노동국은 내 신분을 알고 있었다. 변변한 직장을 알선해주지 않았다. 식품 공장에서 땅콩 까는 일과 사탕 포장, 변소 청소, 인쇄 노동자가 고작이었지만 길어야 한 달이고 대부분 며칠 만에 쫓겨났다. 이유도 설명해주지 않았다.”

직장 동료들은 “한간(漢奸)의 부인, 반혁명 가족, 아직 결혼하지 않고 버티는 것을 보니 만주국이 다시 수립되기를 기다리는 눈치”라며 리위친을 조롱했다. 리위친은 말이 부부지, 노예나 다름없던 황궁 시절이 새삼 그리웠다. 생사 불명인 남편의 소재를 찾아 나섰다.

온갖 고생 끝에 남편을 찾아나서다

1954년 여름, 겨우 여비를 마련해 베이징으로 갔다. 푸이의 다섯째 여동생 집에 여장을 풀고 중앙인민정부를 찾아갔다. “마오쩌둥 주석과 저우언라이 총리에게 할 말이 있다”고 하소연했다. “일단 서면으로 이유를 작성해라. 우리가 책임지고 전달하겠다”는 답변을 듣고 시키는 대로 했지만, 며칠을 기다려도 정부의 회신은 없었다. 돈이 떨어진 리위친은 창춘으로 돌아왔다. 푸이에 관한 온갖 소문이 파다했다. 동북 토박이 친구들은 푸이를 기다리지 말라고 리위친에게 권했다.

“한간들은 처형되거나 감옥에 갇혀 있다. 푸이는 한간의 우두머리였다. 아직 소련에 있다 해도 죽을 날이 멀지 않았다. 푸이와 이혼하겠다고 발표해라. 그렇게 하지 않으면 영원히 일자리를 얻을 수 없다.”

리위친의 모친은 완고했다.

“너는 푸이의 여자다. 어디에 있건, 살아만 있다면 기다리는 게 옳다.”

푸이도 리위친을 잊지 않았다. 한때 리위친이 결혼했다는 소문을 듣고 실망한 적이 있었지만 소문을 믿지 않았다. 1955년 6월, 중국인 전범들에게 서신 왕래가 허락되자 '친애하는 리위친'으로 시작하는 편지를 보냈다. 답장을 받기까지 오랜 시간이 걸리지 않았다.

리위친의 답장도 첫머리가 '친애하는 푸이'였다. "10년간 연락 오기를 기다렸다. 면회가 가능하면 당장 달려가겠다"는 구절을 발견하자 푸이는 자신의 판단이 옳았음을 알았다. 전범관리소 측에 면회를 허락해달라고 요청했다. 전범관리소는 푸이의 청을 들어줬다. 조선족 소장 김원(金原)의 명의로 "방문을 환영한다"는 편지를 리위친에게 보냈다. 위치를 그린 약도까지 첨부했다. 리위친은 준비를 서둘렀다. 사탕 두 봉지와 헝겊신발 한 켤레를 장만했다. 푸순에 가려면 선양을 경유해야 했다. 당시 선양 역전은 조무래기 좀도둑들의 천하였다. 리위친은 싸구려 여관방에서 사탕과 신발을 품에 끼고 잤다. 새벽녘에 말라비틀어진 빵 두 개를 사먹고 푸순행 열차를 탔다.

8월 16일 오전, 푸순 전범관리소 소장 부인 정영순(鄭英順)은 관리소 문전을 서성이는 여인을 발견했다. 훗날 구술을 남겼다.

"허름한 농촌 부녀자 모습이었다. 남편 푸이를 만나러 왔다는 말을 듣고 깜짝 놀랐다. 경비실에 달려가 소장실에 전화를 했다. 여인은 내게 조선족이냐고 물었다. 소장도 그렇다고 하자 10년 전 이맘때 린장에서 조선족 군인들을 만난 적이 있다며 친근감을 표시했다."

"나도 피해자"라 우기던 푸이, 일제 만행 확인하고 통곡

소련에서 압송된 푸이는 잘못을 인정하지 않았다. "나도 피해자다. 어디를 가나 일본의 감시를 받았고 출입도 자유롭지 못했다. 일본 군부가 무슨 악행을 저질렀건 나와는 무관하다"며 결백을 굽히지 않았다. 전범관리소는 두 눈으로 확인시켜주는 수밖에 없었다. 푸이가 입소한 날부터 관리와 심문을 맡았던 조선족 청년의 회고를 소개한다.

"푸이는 만주국 황제 시절 동북의 3,000만 민중이 겪었던 고초를 전혀 모르고 있었다. 우선 푸순 주변부터 참관시켰다. 숙정(肅正)과 토벌(討伐), 집단학살의 현장을 보여주자 안색이 변하기 시작했다. 일본인에게 저항하다 희생된 동북항일연군의 기념관을 참관한 날은 실성대곡했다."

푸이도 기록을 남겼다.

"일본이 중국에서 범한 악행은 모두 나의 결재를 거친 것들이었다. 내 죄가 얼마나 큰지를 비로소 깨달았다. 특히 조선인 이홍광의 활약은 나도 기억이 난다. 만주국은 죄악 덩어리였다. 집단학살은 둘째치고라도, 만주국 감옥에서만 2,005명이 사망하고 420명이 내 손을 거쳐 사형대에 섰다. 고문으로 죽은 사람도 수백 명에 이르렀다. 내가 만주국 황제였다는 사실이 믿기지 않았다. 모골이 송연했다. 내 눈으로 본 현장은 3,000만 동북인들의 나에 대한 공소장이었다."

1956년 12월 초, 중공은
푸이를 석방하며 베이징에 거주할 수 있도록 허락했다.
베이징으로 가기 위해 열차에 오른 푸이.

농촌 부인들의 진술은 푸이를 감동시켰다. 상심이 극에 달했던지 눈물을 줄줄 흘리며 통곡했다. 푸이는 노부인 앞에 무릎을 꿇고 실토했다.

"모든 고난의 원인은 만주국 황제라는 놈 때문이다. 내가 바로 그 장본인이다. 나는 이 사회에서 더 이상 살 자격이 없는 사람이다."

"푸이가 자신의 잘못을 인정했다"는 보고를 받은 저우언라이는 푸이를 살려주기로 결심했다. 푸이를 개조시키라고 지시하며 옆에 있던 예젠잉에게 장쉐량을 거론했다.

"20년 전, 시안에서 장쉐량은 푸이를 죽이지 못한 것이 천추의 한이라며 주먹으로 책상을 친 적이 있다. 지금 장쉐량이 우리와 함께 있었다면 푸이를 어떻게 처리했을까?"

예젠잉이 "장쉐량도 총리의 결정에 동의했을 것"이라고 하자 한숨을 내쉬며 눈물을 훔쳤다.

'자유'를 선택한 리위친

전범관리소는 5년 만에 자신의 죄를 인정한 푸이를 정식으로 검거했다. 관리소에서 감옥으로 이감된 푸이는 자신이 개조 대상이 된 줄 모르고 법정에 설 날을 기다리며 초조함을 감추지 못했다.

"'환경이 인간을 지배한다'는 사마천(司馬遷)의 말은 틀리지 않았다. 사람 사는 세상에 용자와 겁자, 강자와 약자를 구분하는 것처럼 어리석은 짓도 없다. 일단 감옥에 갇히고 보니 옥리(獄吏)의 그림자만 봐도 저절로 머리가 숙여지고, 숨이 막힐 지경이었다."

254

푸이를 몇 차례 면회한 후 이혼을 결심한 리위친.

1959년 겨울, 특사로 풀려난 푸이(가운데 안경 쓴 사람)는
한동안 베이징에 있는 다섯째 여동생 윈신(앞줄 오른쪽 첫째)의
집에 머무르며 형제·친척들과 어울렸다.

전범관리소에서 나온 푸이는 리수셴과 결혼했다.
우한 장강(長江)대교로 나들이 나온 모습.
푸제가 사진을 찍고 있다.

하루는 일본인 전범 재판에 증인으로 불려 나갔다. 재판정 분위기가 의외로 관대하자 삶에 희망을 갖기 시작했다. 죽음의 공포에서 벗어난 사람답게 얼굴에 생기가 돌았다. 가족과의 서신 왕래를 허락한다는 공고문을 본 푸이는 의아한 표정을 지었다. '가족'이라는 두 글자가 생소했다. 3세 때 청 제국 황제의 보위에 오른 후, 한 번도 가족이 뭔지를 생각해본 적이 없었다. 신하는 있어도 가족은 없었기 때문이다.

"그간 나는 가족이나 친척들의 생사에 관심이 없었다. 당장 연락할 사람이 없었다. 그날 밤 문득 먼 옛날얘기 같은 기억이 떠올랐다. 10년 전 헤어진 리위친의 소식이 궁금했다. 제일 먼저 편지를 보내고 싶었다."

리위친이 푸이의 부인이라며 면회를 요청하자 전범관리소 감옥은 긴장했다. 소장이 직접 리위친을 맞았다. 푸이가 황제 시절 선택한 복귀인인 것을 확인하자 두 사람 사이를 부부로 인정했다. 정치문제를 거론하지 않는 조건으로 만남을 허락했다. 푸이를 만난 리위친은 눈앞에 벌어진 정경이 믿기지 않았다.

"남편 푸이는 내가 들고 간 싸구려 사탕과 과자를 정신없이 먹어 댔다. 내게는 먹어보라는 말도 하지 않았다. 내 기억 속의 황제는 젊고 준수하고 총명했다. 군복을 입으면 청년 장군의 위용이 넘쳤다. 사탕을 씹는 푸이를 보며 내 나이를 생각했다. 당시 나는 27세, 푸이는 50대 중반이었다. 면회를 마친 후 다시 오겠다는 말을 남기고 감옥 문을 나섰다. 소장에게 푸이는 수형자가 아니라 개조 대상이라는 말을 들었지만 무슨 말인지 잘 몰랐다."

창춘으로 돌아온 리위친은 틈만 나면 푸이에게 편지를 보냈다. 답장도 어김없이 왔다. 어릴 때부터 좋은 교육을 받은 사람답게 필체가 유려하고 문장도 아름다웠다. 책 이름을 열거하며 사보내라고 했지만 리위친은 돈이 없었다. 푸이와 서신 왕래가 계속되고, 푸순을 몇 차례 왕래하다 리위친이 근무하던 도서관에서 일이 터졌다. 혁명 시절 머리를 깎고 말 위에 앉아 있는 저우언라이의 사진을 본 리위친이 동료들에게 별생각 없이 한마디 했다.

"총리가 대머린가 보다."

별것도 아닌 내용이었지만 리위친이 내뱉은 말이다 보니 시빗거리가 됐다. 연일 비판대회가 열렸다.

"아직도 황제의 부인이었던 추악한 역사를 잊지 못한다. 봉건사상의 노예답게 무산계급의 영수를 무시했다. 푸이와 이혼하지 못하는 것을 보니 치욕이 뭔지를 모르는 여자다. 당장 도서관에서 퇴출시켜야 한다."

리위친은 네 번째 면회에서 푸이에게 이혼을 요구했다. 감옥 측의 보고를 받은 저우언라이는 푸이의 개조에 영향이 미칠 것을 우려했다. 남녀문제로 처리하라며 방법까지 일러줬다. 감옥 측은 총리의 지시대로 감방에 책상을 연결해 침대를 만들었다. 푸이와 리위친의 동거를 허락했지만 허사였다. 법원은 이혼 소송을 제기한 리위친의 손을 들어줬다. 자유의 몸이 된 리위친은 방송국에 근무하는 녹음 기술자와 새로운 생활을 시작했다.

첫째, 조선의 당과 인민들이 베풀어준
은혜를 잊어선 안 된다.
둘째, 조선이 통일되면 조선반도는
사회주의 진영의 전초기지가 된다.
셋째, 병력을 집중해서 기습을 가하면
3주일 내에 전쟁을 끝내는 것이 가능하다.
넷째, 우리는 수십 년 동안 혁명과 전쟁으로 일관해왔다.
혁명과 전쟁은 일종의 도박이다. 모험정신을 상실하면
노예로 전락하는 것은 시간문제다.

중국의 합법적 정권

"전쟁에는 총과 실탄이 없으면 오합지졸이다."

내전보다 항일이 먼저다

북·중 우호관계의 출발점은 동북항일연군과 88여단이다. 1937년부터 8년간 전개된 중국 항일전쟁의 지도자는 국민당 군사위원회 위원장 장제스였다. 장제스나 국민당 원로들은 북한의 지배층과는 별 인연이 없었다. 당시 상황이 워낙 복잡하다 보니, 흔히들 우스갯소리로 "놀던 동네가 달랐기 때문"이라고 말하지만 알고 나면 이해가 가는 부분이 많다.

1928년 12월 28일, 동북 전역에 중국 국민당의 상징인 청천백일기가 펄럭였다. 이날을 계기로 50만에 육박하던 동북군도 국민당군에 편입됐다. 1931년 가을, 일본 관동군이 무력으로 동북을 강점했을 때 장제스는 일본과의 충돌을 피했다. 동북군에게 철수를 명령했다. 막강전력을 자랑하던 동북군은 하루아침에 왜적의 침입에 저항을 포기한 군대로 전락했다. 국민당 중앙군의 공세에 쫓겨 옌안에 안착한 중공 중앙 홍군이 사경을 헤매고 있을 때였다. 장제스는 동북에서 철수한 동북군을 시안에 배치한 후, 옌안의 홍군에게 마지막 일격을 가하라고 명령했다. 시안과 옌안은 거기서 거기였다. 위기에 몰린 중공은 선전전과 동북군과의 연합에 치중했다.

동북을 총 한방 안 쏘고 일본에게 내주자 온 중국이 들썩거렸다. 중공의 지하당원이나 지지자들 중에는 선전의 고수들이 많았다. 중공은 국민당 통치에 염증을 느낀 진보적 지식인들도 적절히 활용했다. 말로만 먹고사는 사람들이다 보니 회유도 수월했다. 동북에서 자발적으로 일어난 항일 무장세력의 기개를 찬양하는 글과 영화가 쏟아져 나왔다. 중국 국가 「의용군 행진곡」이 동북의 엄동설한에서 흰눈에 붉은 피를 뿌린 항일의용군의 처절한 투쟁을 영화화한 「풍운아녀」(風雲兒女)의 주제곡인 것을 보면 당시 중국인들의 정서가 어떠했는지를 알 수 있다.

대도시를 중심으로 항일전쟁을 촉구하는 시위가 잇따랐다. "제 나라 땅에 들어온 남의 나라 군대를 내쫓자"는 데 반대할 사람은 아무도 없었다. 내부의 암덩어리인 중공 홍군을 먼저 정리하고 일본과 일전을 겨루겠다는 장제스의 기본 전략인 '안내양외'(安內攘外)는 더이상 국민들에게 먹혀들지 않았다. 민심이 따르지 않다 보니 정책의 옳고 그름은 둘째 문제였다. 중공 지도부는 공공외교에도 능했다. 미국 언론인 에드거 스노 등을 끌어들여 자신들의 정당성과 존재 이유를 외부세계에 알리는 데도 성공했다.

근거지 동북을 떠나 유랑민 신세가 된 동북군은 애물단지 취급을 받았다. 장제스는 이들에게 무기나 군량을 제대로 공급하지 않았다. 장제스의 옌안 공격 명령에 "같은 민족끼리 싸우느니, 고향에 돌아가 일본군과 싸우다 죽겠다"며 머뭇거렸다. 이 틈을 중공이 파고들었다. 훗날 6·25전쟁 휴전 회담과 제네바 회담을 막후에서 지휘한 리커눙 등이 동북군의 고급 지휘관과 접촉했다. 일선 지휘관들이 호응할 기색을 보이자 전국의 2인자나 다름없던 동북군 최고사령관 장쉐량과 저우언라이의 만남을 성사시켰다. 국·공이 연합해 항일전쟁을 수행해야 한다는 저우언라이의 의견에 장쉐량도 동의했다.

1936년 12월, 장쉐량이 시안에서 장제스를 감금해 항일전쟁을 요구했다. 저우언라이의 주선으로 국·공합작이 성사됐다. 국·공 양당의 최고 지도자로 추대된 장제스는 일본에게 전면전을 선포했다. 단, 자신에게 총뿌리를 들이댄 장쉐량은 연금하고 동북군도 해산시켰다. 장제스와 국민당에 대한 동북인들의 불만은 해소할 방법이 없을 지경으로 악화됐다.

전면전에 돌입한 중국과 일본

중국과 일본이 전면전에 돌입하자, 동북의 일본 관동군은 긴장했다. 만주군과 합세해 동북항일연군 토벌에 열을 올렸다. 조선인 항일 무장세력들은 관동군의 큰 골칫거리였다. 이들을 소탕하기 위해 조선 출신들로 구성된 특설대까지 만들 정도였다. 자의건 타의건, 훗날 후손들을 곤혹스럽게 만든 인물들이 속출했다. 땟국이 줄줄 흐르는, 개털 옷을 걸친 항일연군 소속의 조선인 전사들과 일본 군복을 뽐내는 조선인 청년들은 각자의 방식대로 영광과 치욕의 개인사를 만들어나갔다. 박한종, 이홍광, 이민환의 뒤를 이어 유만희, 이복림, 서광해, 황옥청, 장흥덕 등 조선팔도에서 몰려온 열혈 청년들이 동북의 눈밭에서 숨을 거두고, 다른 편에 서 있던 사람들의 견장은 점점 무거워졌다.

마오쩌둥은 동북항일연군과 88여단 출신들을 환대했다.
1964년 2월, 베이징을 방문한 북한 외무상 박성철(사진 한가운데)
일행을 접견하는 마오쩌둥.

1939년 늦가을, 동북 목단강(牡丹江)변의 허름한 상가에서 동북항일연군의 역사에 남을 회의가 열렸다. 70여 개 현에 달했던 항일연군의 활동무대가 10개에도 못 미칠 정도로 위축돼 있던 때였다. 신중국 설립 후, 중앙군사위원과 윈난(雲南) 성 부주석을 겸하게 되는 저우바오중(周保中)과 항일연군 총정치부 주임 리자오린(李兆麟), 중공 만주성 위원회 상무위원 펑중윈(馮仲雲, 신중국 수리부 부부장과 하얼빈 공업대학 총장, 베이징 도서관 관장 등을 역임), 동북항련 제3방면군 사령관 천한장(陳翰章), 경북 선산 출신 허형식 등이 참석한 회의에서 저우바오중은 획기적인 제안을 했다.

"현재 동북항일연군은 2,000명도 채 남지 않았다. 마오쩌둥이 『논지구전』(論持久戰)에서 설파한 전략 사상을 행동에 옮기자. 역량을 보존하기 위해 강 건너 소련으로 가서 원동(遠東) 지역에 야영을 설치하고 전력을 재정비하자."

1940년 3월 19일, 소련군 원동변방군 사령부는 중국 손님 세 명을 맞이했다. 저우바오중은 소련 측 정치위원에게 곤경에 처한 동북항일연군의 실정을 설명하며 중·소 국경지역에 야영 설립을 허락해달라고 요구했다. 소련 측도 동북에 주둔하는 일본 관동군의 전략과 군사정보에 정통한 동북항일연군의 협조가 절실했다. 동의를 안 할 이유가 없었다. 11월 하순, 동북항일연군 부대들은 흑룡강을 건너 소련 경내로 들어갔다.

김일성도 저우바오중과 함께 소련행을 택했다. 동북항일연군의 총

지휘자 양징위(楊靖宇)에게도 같이 가자고 권했지만 양징위는 고집이 셌다. 무슨 일이 있어도 중국을 떠나지 않겠다며 뜻을 굽히지 않았다. 1940년 2월 18일, 양징위는 끝까지 그의 곁을 지킨 조선인 경호원과 함께 일본군 토벌대에 의해 세상을 떠났다. 소련에서 이 소식을 들은 김일성은 양징위와 억지로라도 함께 오지 못한 것을 두고두고 후회했다고 한다.

소련 생활을 시작한 동북항일연군은 남·북 두 곳에 야영(野營)을 건설했다. 북야영은 강신태(1945년 강건으로 개명), 남야영은 중국인 지칭(季青)을 책임자로 선출했다. 소련 측의 보급은 부족함이 없었다. 항일연군들은 오랜만에 따뜻하게 입고 편한 신발을 신었다. 빵과 고기도 실컷 먹었다. 소련 교관들은 별 이상한 교육을 다 시켰다. 유격전에 대비한 교량 폭파와 적진 침투에 필요한 낙하산 훈련은 필수였다. 촬영, 측량, 정찰까지 익히며 동북항일연군의 수준은 하루가 다르게 향상됐다.

88여단은 북한 인민군의 모체

1942년 8월, 동북항일연군은 하바로프스크에서 정식으로 '항일연군 교도여단'을 출범시켰다. 정식 명칭은 '소련 원동방면군 제88보병여단' 또는 '8641보병특별여단' 또는 '88국제여단'이라고도 불렸다.

동북에 흩어져 있던 김책, 안길, 최석천(1945년 최용건으로 개명), 김일성, 최현, 강신태 등이 몰려 있던 88여단은 북한 인민군의 모체나 다름없었다. 김일성은 이곳에서 "작렬하는 폭파음에 산하가 진동하면, 도처에서 왕샤오밍 얘기로 시간 가는 줄 모른다"던 왕샤오밍

소련에서 귀국한 김일성과 북한 주둔 소련군 지휘관들.
맨 위 왼쪽 첫째가 최석천(최용건).
1945년 가을에 찍은 것으로 추정된다.

(王效明)을 비롯해, 펑중원, 차이스룽(柴世榮) 등과 인연을 맺었다.

88여단의 동북항일연군들은 틈만 나면 동북에 침투해 소규모 유격전을 벌였다. 중국 측 통계에 따르면 1,260여 차례에 걸친 유격전에서 인명 희생은 200여 명에 불과했다고 한다. 여단 내에는 네 명의 영장(營長)이 있었다. 제1영장이 김일성이었다. 차이스룽, 왕밍구이(王明貴), 왕샤오밍 등 나머지 세 명의 영장 중 차이스룽은 1944년 소련에서 세상을 떠났고, 왕밍구이와 왕샤오밍은 1955년 소장 계급장을 받았다. 각 영의 정치위원 중 세 명이 안길, 강신태, 김책 등 조선인이었다. 직급은 최석천이 여단의 부참모장으로 제일 높았다.

1945년 8월, 일본이 투항하자 88여단의 동북항일연군 소속 중국인 선발대는 57개 소조로 나뉘어 동북의 중소 도시로 잠입했다. 소련 군복에 소련군 군관 계급장을 착용한 선발대원들은 러시아어에 능했다. 동북의 일본군을 무장해제시킨 소련군과 협조가 잘됐다. 국민당이 발 빠르게 소련과 우호조약을 맺었지만 중공의 홍군과 신사군(新四軍)이 동북으로 밀려오는 것을 묵인하기까지는 이들의 도움이 컸다. 이쯤 되면 동북에서 국·공내전이 벌어졌을 때 중공이 김일성에게 지원을 요청한 것이 전혀 이상할 것이 없고, 김일성이 중공에게 지원을 아끼지 않은 것도 이상할 것이 없다.

중공과 북한

"중국 인민들은 영원히 잊지 않겠습니다."

신중국 수립에 기여한 북한

중국인 대다수가 6·25전쟁 시절 중국이 북한을 돕기 위해 압록강을 건넌 사실은 알아도, 북한이 신중국 수립에 기여한 사실은 잘 모른다. 그러나 중국 최고 지도층은 틈날 때마다 북한과의 우의를 강조해왔다. 시종일관 지루할 정도로 비슷한 내용들이지만, 한 번쯤은 참고해볼 만하기에 소개한다.

6·25전쟁이 한창일 무렵, 김일성이 중국을 방문했다. 마오쩌둥이 했다는 덕담이 널리 알려져 있다.

"우리 두 집안은 우리에게 무슨 일이 생기면 너희가 돕고, 너희에게 무슨 일이 생기면 우리가 도와야 되는 그런 사이다. 지금 조선은 위난지중(危難之中)에 처해 있다. 우리가 어찌 수수방관할 수 있겠는가. 중화인민공화국의 오성홍기에는 조선열사들의 선혈이 배어 있다."

1958년, 중국 총리 저우언라이가 평양을 방문했다. 시민 환영대회석상에서 의미심장한 발언을 했다.

"중·조 양국의 인민들은 깊고 돈독한 우의를 맺어온 전통이 있다. 우리들의 우의는 장기간에 걸쳐 공동의 적에 반대하고 투쟁하는 과정에서 공고해지고 발전해왔다. 이런 우의야말로 두 나라 인민의 선혈이 함께 응고된 우의다. 지난날, 중국 인민들의 여러 차례에 걸친 국내 혁명전쟁과 항일전쟁 기간에 조선 인민의 우수한 자녀들은 중국 인민들을 지원하기 위해 생명을 아끼지 않았다."

저우언라이의 수행원 중에는 조선이 도대체 우리에게 무슨 대단한 걸 해줬기에 총리가 저런 말을 하는지 갸우뚱하는 사람이 많았다고 한다.

1963년, 중국 국가 주석 류사오치가 북한을 방문했다. 5년 전 저우언라이가 왔을 때처럼 성대한 환영대회가 열렸다. 이날 류사오치는 "중국 인민들은 영원히 잊을 수 없을 것"이란 말을 시작으로 양국의 우의를 강조했다.

"중국 인민들이 자유와 해방을 쟁취하기 위해 투쟁하던 시절, 수많은 조선 혁명가들이 우리의 투쟁에 참가해 중국 혁명가들과 같은 길을 걸었다. 목숨을 내던지고 뜨거운 피를 쏟으며 가장 숭고한 무산계급 국제주의 정신을 표현했다."

1972년 4월 14일, 마오쩌둥과 저우언라이는 김일성의 60세 생일에 맞춰 다음과 같은 축하전문을 보냈다.

"오랜 세월에 걸친 중국 인민들의 혁명투쟁 과정에서 귀하를 정점으로 한 조선 공산주의자와 조선 인민 형제들은 무산계급 국제주의를 높이 표방하고 우리들에게 보배와 같은 귀한 지원을 해주었습니다. 중국 인민들은 이 점을 영원히 잊지 않겠습니다."

10년이 흘러 김일성의 70회 생일이 돌아왔다. 마오쩌둥과 저우언라이는 이미 이 세상 사람이 아니었다. 이번에는 중공 중앙위원회 명의로 김일성에게 축하전문을 발송했다.

"귀하는 중국 인민의 친밀한 친구입니다. 전통적인 중·조 우의를 가장 소중히 여기며 이를 공고히 하고 발전시키기 위해 부단한 노력을 해오셨습니다. 진정 어린 마음으로 정성을 다해 우리의 투쟁을 지원해주셨고, 우리의 현대화 건설사업을 적극 지지해주셨습니다."

1992년 80회 생일날에도 김일성은 중공 중앙위원회 명의의 축전을 받았다.

"수십 년간 우리 당과 인민들이 벌여온 혁명투쟁과 건설사업을 일관되게 지지해주셨습니다. 또 끊임없이 두 나라의 당과 국가, 인민들의 전통적인 우의 발전에 중대한 공헌을 하셨습니다."

2014년 4월 13일, 시진핑 중국 주석이 김정은 북한 국방위원회 제1위원장에게 재추대 축하전문을 보냈다는 보도가 있었다.

"국방위원회 제1위원장으로 또다시 추대되신 데 대해 축하를 보낸다. 형제의 나라 조선의 인민이 당신을 수반으로 하는 조선노동당의 영도 밑에 국가건설과 경제발전의 여러 분야에서 반드시 새롭고 보다 큰 성과를 이룩하리라 믿는다. 전통적인 중·조 친선은 두 나라 노세대 영도자들께서 친히 마련하고 키워주신 것이며 우리의 귀중한 공동의 자산이다. 중국은 전통적인 친선 협조관계를 끊임없이 공고히 하고 발전시켜 두 나라와 두 나라 인민들에게 복리를 가져다주며 지역의 평화와 안정에 기여할 것이다."

수십 년간 북한에 보낸 축하전문과 다를 게 하나도 없는 내용이다 보니 형식에 불과하다는 우리 언론들의 해석이 제발 맞았으면 하면서도 뭔가 씁쓸함을 감추기 힘들다. 몇십 년간 북한이 중국을 뭘 그렇게 도와줬을까. 구체적인 설명이 빈약하다 보니 우리의 청·장년층은 물론이고 중국의 당이나 정부 관계자들조차 상세한 내용을 알 수 없는 게 당연하다. 중국의 고위 간부들에게 간략하게나마 구술을 남긴 사람은 저우언라이가 유일하다. 북한군 남침 직후인 1950년 7월 8일, 저우언라이는 북한 주재 대리대사로 부임하는 차이청원(柴成文) 등에게 이유를 설명한 적이 있다. 서울을 점령한 북한군의 기세가 등등할 때였다.

1945년 일본 항복 직전의 단둥 부두 풍경.
멀리 압록강 철교가 보인다.
동북전쟁 시절 중국과 북한 사이에는 임강(臨江)과 중강,
장백(長白)과 혜산, 도문(圖們)과 남양 등에
여러 개의 교량이 있었다.
그중 단둥의 압록강 철교를 통해
가장 많은 전략물자가 동북으로 건너갔다.

"김일성 동지를 만나면 위대한 승리에 대한 축하인사부터 해라. 우리가 곤경에 처했을 때, 우리를 도와준 조선의 당과 인민들에게 감사한다는 말도 꼭 전해라. 너희들은 동북전쟁 참전 경험이 없기 때문에 1946년과 47년 동북에서 무슨 일이 있었는지를 잘 모른다. 동북전쟁 중 '사보임강'(四保臨江)과 '삼하강남'(三下江南) 전역 (戰役)의 승리는 조선의 지원이 없었으면 불가능했다. 당시 조선은 우리의 든든한 후방기지였다. 군인 가족과 부상병을 돌봐주고, 전략물자 지원과 수송 등 도움을 아끼지 않았다. 역사적으로 조선 동지들이 중국 혁명에 얼마나 큰 공헌을 했는지는 말 안 해도 잘 알 것이다. 게다가 조선은 우리가 가장 어려울 때 도와주기까지 했다. 어느 시대건, 무슨 일이 있어도 이 점을 잊어서는 안 된다."

평양에 와서 김일성을 만난 차이청원은 지난날 중국을 지원해준 데 대한 감사를 표하며 저우언라이의 말을 그대로 전했다. 차이청원의 증언에 따르면 김일성은 웃으며 짤막하게 몇 마디로 답했다고 한다.

"그때 우리는 마땅히 해야 할 일을 했을 뿐이다. 해방 직후라 우리 동지들이 자리를 제대로 잡지 못할 때였다. 그러다 보니 중국 동지들에게 고생만 시켰다."

"동북을 장악해야 중국에 군림할 수 있다"

태평양전쟁이 막바지에 달하자 미국은 중국에 60억 달러를 지원했다. 106개 사단, 200여만 명의 국민당군을 현대식 무기로 무장시킨 뒤 이들의 훈련을 위해 군사 고문단까지 파견했다.

중국 총통 장제스의 이중외교는 빛을 발했다. 미국의 지원을 받아 내자 장남 장징궈와 행정원장 쑹쯔원, 외교부장 왕스제(王世杰)를 모스크바로 파견했다. 1945년 8월 14일, 소련과 중·소 우호동맹조약 체결에 성공했다.

"중·소 양국은 상호 주권과 영토 보호를 존중하고 내정 불간섭을 준수한다."

대충 이런 내용이었다. 8월 26일부터 효력이 발생하고 유효 기간은 30년으로 했다. 체결 당일, 쌍방은 중국의 동북지역에 관한 협정도 체결했다. 그 내용은 다음과 같다.

"일본이 동북지역에 수립했던 만주국을 무장해제시킨 소련은 동북 3성이 중국의 일부분임을 인정하고, 이 지역에 대한 국민당 정부의 주권 행사를 존중한다. 중국 국민당은 다롄에 대한 소련의 이익을 보장하고, 다롄 항을 자유무역항으로 개방하는 데 동의한다. 창춘철도(長春鐵道)도 양국이 공동운영한다. 소련군은 일본 항복 3개월 뒤 동북에서 철수한다."

국·공합작 시기였지만, 미국의 원조에 이어 소련과 조약을 체결한 장제스의 국민정부는 중국의 유일한 합법적 정권으로 자처했다.

무장한 야당인 중국 공산당도 손놓고 있지 않았다. 8월 11일, 팔로군 사령관 주더가 6호 명령을 선포했다.

"소련 홍군과 함께 중국과 조선 경내에 진입해라. 현재 중국 화북지역에서 일본군과 작전 중인 조선의용대의 무정(武亭)과 부사령관 박효삼(朴孝三), 박일우(朴一禹)는 부대를 이끌고 팔로군과 함께 동북으로 이동해라. 일본의 괴뢰인 만주군을 소멸하고, 동북의 조선 인민을 조직해 조선 해방을 달성해라."

중공은 병력 13만 명을 동북으로 이동시켰다. 이들을 통솔하기 위해 간부 2만 명도 동북으로 파견했다. 펑전(彭眞), 리리싼(李立三), 천윈(陳雲), 가오강, 장원톈(張聞天), 뤄룽환, 린펑(林楓) 등 중앙위원과 동북 사정에 밝은 전 동북군 출신 뤼정차오(呂正操), 러시아어에 정통한 우슈취안(吳修權)도 포함시켰다.

소련에 가 있던 동북항일연군 출신 조선인들(88여단)은 이들보다 동작이 빨랐다. 영수로 추대한 젊고 패기 왕성한 김일성과 함께 소련군을 따라 평양에 입성해 38선 이북의 안방을 차지했다. 일부는 동북으로 이동해 '민주대동맹'을 결성했다. 국내에서 일본에 저항하던 민족 세력들은 무장투쟁으로 일관해온 동북항일연군 출신들에게 기가 죽었다.

동북을 장악해야 중국에 군림할 수 있다는 생각은 장제스도 마찬가지였다. 한동안 일본군한테 밀려 서남과 서북 지역에 주둔 중이던 병력 일부를 동북으로 이동시켰다. 순식간에 도시와 철도를 장악하고 동북 출신 셰원둥(謝文東)을 파견군 보안사령관에 임명했다. 그러나 장제스는 첫 단추를 잘못 끼웠다. 셰원둥은 동북항일연군 제8군 군장까지 지냈지만 일본군에 투항한 경력이 있었다. 일선 부대 지휘관들도 일본과 관련 있는 사람 중에서 선발했다. 그러다 보니 별난 사람이 다 있었다. 항일운동을 하다 관동군 특무기관과 함께 술집과 사창가를 운영한 사람이 있는가 하면, 일본 관동군의 밀정 출신도 있었다. 조선인 밀집 지역인 옌볜(延邊) 지역의 국민당 대표 마융산(馬永山)은 일본군 패잔병들을 규합해 동북항일연군 출신들을 박살내겠다고 큰소리치던 사람이었다. 장제스도 나름대로 속셈이 있었다. 일본군이 소유하고 있던 무기와 군수물자를 몰수하고, 철도와 항만 등 요충지를 접수하려면 일본과 가까웠던 이런 부류들이 필요했다.

장제스의 동북 집착은 이유가 분명했다.

"동북은 조선·소련·몽골과 인접한 지역이다. 중공이 이곳을 점령하는 날에는 저들이 말하는 양자강 이북의 해방구와 연합해 우리를 공략할 게 분명하다. 그렇게 되면 조선과 소련은 유리해지고, 우리는 승리를 장담할 수 없다. 우리가 동북을 장악하면 상황이 달라진다. 중공 군대는 동쪽과 남쪽에서 협공당한다. 동북지구는 반소·반공 지역이 된다. 미국이 우리에게 지원을 아끼지 않은 것도 그런 이유에서다. 동북을 점령하면 우리를 반공 돌격대로 만들 심산이지만 두고 봐라. 어림도 없다."

중공은 양자강 이북의 산시, 허베이, 허난, 산둥(山東) 일대의 농촌에서나 기지개를 폈다. 관할 지역의 인구도 전체 중국 인구의 30퍼센트가 채 안 됐다. 특히 동북지역은 국·공합작으로 중·일전쟁이 본격화되자 조직이 거의 파괴되는 바람에 보잘것없었다. 동북을 놓고 국·공내전이 발발하자 중공의 승리를 확신하는 나라는 거의 없었다. 소련도 얄타협정에 발이 묶여 중공을 대놓고 지원하지 못했다.

기댈 곳은 북한뿐

"중국 혁명이 곤경에 처해 있다.
강 건너 불구경하듯이 모른체할 수 없다."

전쟁에는 무기가 제일 중요하다

중공 최고 지도부와 북한의 인연은 중공 중앙 조직부장 천윈에게
서부터 시작됐다는 것이 정설이다. 군대는 묘한 조직이다. 헝겊 쪼가
리에 그려서 양어깨에 붙이고 다니는 계급장이 뭔지, 졸병은 졸때기
들끼리 말이 통하고, 장군은 장군을 만나야 말이 통한다. 원래 중공
군대는 보직은 있어도 계급은 없었다. 항일전쟁 8년간 홍색도시 옌
안에서 안정된 생활을 하던 천윈이 동북에 주둔한 소련 홍군의 지휘
관과 회담하려면 계급장이 필요했다. 중공 군사위원회는 천윈과 펑
전에게 중국어와 러시아어로 된 중장 계급증서를 만들어줬다. 동북
최대의 공업도시 선양에 도착한 천윈 일행은 계급증서를 들이밀고
서야 겨우 소련군 사령관을 만났다.

국민당 군대가 진주하기 전이었지만 소련 쪽은 미국과 장제스의
눈치를 봤다. "중국 공산당에 대한 소련의 지원은 한계가 있다"며 중
공 휘하 동북민주연군(동북항일연군의 후신)의 선양 진입을 모른 체
했다. 정식으로 허락하지는 않았다. 소련 공산당을 형님처럼 떠받들
던 중공은 의외였다. 동북 점령은 물 건너갔다는 생각이 지배적이었
다. 10월 31일, 중공은 청년 장군 린뱌오를 동북민주연군 총사령관

만주의 설원을 말 타고 질주하는 동북민주연군 기병대.
1947년 겨울, 만주 송화강 부근.

에 임명했다. 11월이 되자 국민당 대군이 동북으로 몰려들었다. 소련 홍군은 동북민주연군의 철수를 요구했다.

"도시에서 나가라. 상부의 지시다. 철수하지 않으면 탱크로 밀어버리겠다."

거의 명령조였다. "공산당 군대가 다른 나라의 공산당 군대를 탱크로 밀어버리겠다니, 말이 될 소리냐"고 항의해도 소용없었다.

린뱌오가 동북에 도착하기 전까지 평전과 천원이 모든 업무를 처리했다. 선양에서 철수한 병력을 북만주 중심도시 하얼빈으로 이동시켰다. 상인으로 변장해 동북에 들어온 훗날의 '동북왕' 가오강과 전 중공 총서기 장원톈 명의로 「만주공작에 관한 의견서」를 옌안으로 보냈다.

"선양·창춘·하얼빈 등 3대 도시와 창춘철도를 비롯해 만주를 독점하는 것은 불가능하다. 소련의 철수 요구가 있기 전에 우리가 주동적으로 철수하는 것이 옳다고 생각한다. 전쟁과 근거지 확보를 통해 대도시에 주둔한 적들을 포위하고 창춘철도의 간선을 파괴해야 국민당과의 장기전에서 승리할 수 있다."

마오쩌둥의 답전은 간단했다.

"큰 집을 내주고 행랑채 두 개만 확보해라. 남쪽에 방어진지를 구축하고 북쪽으로 뻗어나가라."

북만주를 내주고 동만주와 남만주에 근거지를 확보하라는 지시였다. 동북에 부임한 린뱌오는 천원의 의견을 지지했다. 하얼빈에서 군말 없이 철수한 린뱌오는 이듬해 4월 무력으로 하얼빈을 점령했지만 또 철수했다.

북만주에서 승기를 굳힌 국민당군은 창춘과 지린을 점령해 동남과 남북을 차단했다. 중공은 압록강변의 단둥(丹東)과 퉁화(通化)마저 국민당 쪽에 내줬다. 동북민주연군은 혼란에 빠졌다. 도망자가 속출했다. 동북민주연군은 동북에 와서 급조된 부대였다. 팔로군 출신은 10만여 명에 불과했다. 국민당군의 공세가 시작되자 5만여 명이 투항하거나 중공이 파견한 간부를 살해하고 탈영했다. 비적, 아편 중독자, 만주국 경찰, 탈옥수 등이 섞여 있다 보니 그럴 수밖에 없었다.

남만주 지역도 다르지 않았다. 자고 나면 8,000여 명이 흔적도 없이 사라지고, 둔화(敦化)의 경우는 8개 연대 중 조선족으로 구성된 1개 연대 외에 7개 연대가 국민당 쪽으로 넘어갔다.

동북민주연군은 활로를 모색해야 했다. 그 넓은 만주 벌판에서 공급을 차단당한 중공은 남만주의 부상병과 가족들은 물론 전쟁물자를 수송하는 데도 난관에 처했다. 기댈 곳은 단둥에서 투먼(圖們)까지 800킬로미터의 국경을 맞댄 북한밖에 없었다. 천원은 베이징 칭화대학 경제학과 출신인 주리즈(朱理治, 현 중국사회과학원 부원장 주자무의 부친)와 훗날 중국 해군사령관이 되는 샤오징광(蕭勁光)과 함께 마오쩌둥의 부탁 편지를 들고 평양으로 향했다. 김일성은 마오의 특사 두 사람을 김책의 집에 머물게 했다. 북한 쪽이 만주에 대한 물자 수송로를 터주고 부상병과 간부 가족들을 돌봐달라는 천원의 부탁을 그는 모두 들어줬다. 마오의 서신은 더욱 노골적이었다.

"전쟁에는 무기가 제일 중요하다. 아무리 사기가 높아도, 사상 무

1948년 9월 지린(吉林) 성 송화강 철교 개통식에 참석해
연설하는 천윈. 중공 중앙 조직부장을 지낸 그는
중공 최고 지도부와 북한의 인연을 맺게 해준 인물이기도 하다.

장이 잘 돼 있어도 총과 실탄이 없으면 오합지졸이다."

김일성은 알았다며 토를 달지 않았다.

일본이 두고 간 무기를 긁어모은 김일성

1946년 봄, 동북에서 국민당군을 상대로 악전고투 중이던 중공이 천원, 샤오징광, 주리즈를 평양에 파견했을 때 천원이 "상하이에서 선적한 전략물자가 일본을 경유해 조선에 들어오는 것을 허락해달라"고 하자 김일성은 선뜻 응했다. 마오쩌둥이 요구한 무기지원 요청도 김일성은 군말 없이 수락했다. 천원은 감격했다. "그렇게만 해준다면 영원히 잊지 않겠다"며 샤오징광과 주리즈를 평양에 남겨놓고 동북으로 돌아갔다. 당시 북한에는 일본 침략자들이 놓고 간 무기와 탄약이 창고에 쌓여 있었다.

김일성은 부하들에게 명령했다.

"현재 중국 혁명이 곤경에 처해 있다. 강 건너 불구경하듯이 모른 체할 수 없다. 보관 중인 무기와 탄약을 파악해라. 10만 명이 무장할 수 있는 장비를 무상으로 중국에 지원하겠다."

북한 내부에서도 "우리 형편에 10만 명분은 과하다"며 "1만 명분만 보내자"는 주장이 많았지만 김일성은 "이왕 돕겠다면 성심성의껏 지원해야 한다. 성의에 많고 적음을 따지지 마라"며 뜻을 굽히지 않았다. 중국에 퍼주고 나면 정규군을 양성하기 위해 설립한 평양학원 학생들에게 나눠줄 무기가 부족하다고 해도 듣지 않았다. 중국 쪽 문헌을 보면 북한의 전폭적 지원과 관련해 당시 생존해 있던 김일성의 할아버지 김보현(1871~1955)도 한몫했다고 한다.

신중국 개국 10대 주역 중 한 사람인
샤오징광(왼쪽)은 30년간 해군사령관을 지냈다.
회고록을 집필했지만, 무슨 이유에서인지
동북전쟁 시절 북한과의 관계는 흐지부지 넘어갔다.
해군 시절 마오쩌둥과 샤오징광의 모습.
연도 미상.

"하루는 대동강을 건너던 김보현이 일본군들이 수장시킨 무기와 탄약 더미를 발견했다. 김일성은 평양학원 간부들에게 빨리 대동강에 가서 무기와 탄약을 건져오라고 지시했다. 평양학원은 강에서 건져온 무기와 탄약으로 군사훈련을 계속했다."

이런 내용은 과장되기 마련이다. 그대로 믿기에는 허술한 점이 많지만 당시 북한도 무기와 탄약 사정이 충분치 못했다는 것을 알 수 있다. 김일성은 비밀을 보장하기 위해, 무기 수송을 동북항일연군 출신 오백룡과 강상호에게 일임했다. 1946년 8월 26일, 남양철도 경비 대장이 탑승한 특별열차가 압록강 철교를 건너 단둥에 진입했다. 김일성은 10만여 정의 총과 탄약 외에 교량과 철도 폭파에 쓰라며 일제 폭약도 보냈다. 일제가 나진(羅津) 질소비료공장에서 생산하던 황색 폭약은 당대 최고의 성능을 자랑했다.

북한에서 보내온 무기를 받은 동북민주연군 지린군구와 랴오닝군구 사람들은 제정신이 아니었다. 무기 분배를 담당했던 간부 한 사람이 구술을 남겼다.

"각목과 화승총을 무기랍시고 들고 다니던 전사들은 날이 샐 때까지 춤추고 노래하며 광란의 밤을 보냈다."

평화시기라면 빛났을 토비

중·일전쟁 초기인 1937년, 시인 원이둬(聞一多)는 학생들과 함께 후난 성 창사에서 윈난 성 쿤밍까지 걸어갔다. 전쟁 시절이다 보니 별일을 다 겪었겠지만, 무슨 못 볼 꼴을 봤는지 정부의 무능에 진절머리를 내며 토비들에게 애정을 나타내는 일기를 남겼다.

"무슨 놈의 나라가 이렇게 큰지 처음 알았다. 평소 떵떵거리며 거드름이나 피우던 것들이 얼마나 무능하고 야비한지도 직접 체험했다. 나라가 환난에 처하다 보니, 평소 사람값에도 못 든다고 여겼던 토비들이 저들보다 더 애국자라는 생각이 들었다. 하기야 토비가 인생의 목표였던 사람은 거의 없다. 난세의 부득이한 생존방법 중 하나였다."

약탈이 직업인 지방 불법세력을 흔히들 토비라고 불렀다. 한마디로 떼강도와 비슷하지만 워낙 강대한 지방 무장세력이다 보니, 정부가 직접 나선다면 몰라도 현지 관원이나 군인들은 감히 손댈 엄두도 못 냈다. 비록 불법조직이긴 했지만, 역사가 유구하다 보니, 개중에는 규율이 엄하고 자존심이 강한 토비들도 많았다. 악질 지방 관리만 골라가며 터는가 하면, 아무리 재물이 많아도 과부가 생계를 꾸리는 집은 건드리지 않았다. 위법자는 법으로 다스리고, 부녀자 겁탈도 엄금했다. 여자 토비도 많았다. 두목은 한결같이 머리(頭)가 잘 돌아가고, 안목(目)이 남달랐다. 평화시기라면 국가원수로 내세워도 손색이 없을 준재들도 손가락으로 셀 정도는 됐다.

만주의 항일무장 세력을 "마적과 진배 없는 집단"이라고 단정하는 사람들을 심심치 않게 볼 수 있다. 해방 뒤 미 군정시기에 경찰 최고급 간부 중 한 사람은 "나는 독립운동 했다는 사람과 공산당 그리고 먼지가 제일 싫다"는 말을 공공연히 하고 다녔다. 요즘 같으면 공산당 매도는 그렇다 치더라도, 독립운동가들을 욕보였다며 당장 목이 달아날 발언이었지만, 친일파였던 그의 형님이 의열단원에게 죽는 바람에 다들 웃어넘겼다고 한다.

동북의 항일세력 중에는 토비 출신들도 많았다. 일본군의 간담을 서늘하게 했던 마잔산(馬占山)도 원래는 토비 두목이었다. 1931년 가을 일본 관동군이 동북을 점령하자 동북의 토비들은 한동안 공황 상태에 빠졌다. 항일민족통일전선이 성사되자 토비들도 자의 반 타의 반으로 항일전선에 합류했다.

동북에서는 토비를 마적이라고 불렀다. 현지 사정과 지리에 익숙한 토비들은 일본과의 무장투쟁에서 비범한 능력을 발휘했다. 여러 이유가 있었겠지만, 토비들이 항일투쟁에 뛰어든 가장 큰 이유는 세력을 보존하고 유지하기 위해서였다. 청나라 말기에서부터 민국시대에 이르기까지 동북의 토비들은 확실한 관할 지역과 조직이 있었다. 일본의 동북 지배는 토비들의 이익을 위협했다. 일본 관동군은 시도 때도 없이 토비들을 소탕하고 토비들도 일본군 수비대를 습격했다.

항일전에 나선 토비들은 시간이 지나자 서서히 변질됐다. 기율이 산만해지고 일본에 투항하는 사례가 빈번했다. 일본도 이들을 적절히 이용했다. 그러다 보니 토비에서 항일의 영웅으로 떠올랐다가 민족의 죄인으로 추락하는 경우가 허다했다. 이들에게는 공통된 특징이 있었다. 일본군을 따라 도시에 들어가면 고대광실을 차지하고 산해진미와 화류계에서 헤어나지를 못했다.

일본의 동북 점령으로 국민당 정부가 동북에서 통치권을 상실하자 중공은 동북의 토비들을 주목했다. 이론가 후차오무(胡喬木)를 파견해 동북항일 의용군 24로군을 결성하는 데 성공했지만 결과는

형장으로 끌려가는 토비 두목.
'한간'이라는 죄명이 붙은 걸 보면
일제에 협력했던 토비로 추정된다.

신통치 못했다. 한때 일본과의 투쟁에서 반짝했을 뿐, 서서히 몰락의 길로 들어섰다. 이들은 토비 생활이 더 적성에 맞았다. 강력한 화력을 소유한 일본군보다는 지방 부호들을 습격하고, 부잣집 아들이나 부녀자를 납치한 뒤 돈을 받고 풀어주는 일이 더 편했다. 일본군도 토비와 항일세력들을 엄밀히 구분했다. 직접 습격을 받거나 일본인의 재산을 위협하지 않으면 그냥 내버려뒀다.

1945년 8월 15일, 일본 패망 당시 동북은 전 중국에서 유일하게 현대화된 곳이었다. 국·공 양당이 동북에 신경을 곤두세웠다. 중공의 주축부대인 팔로군과 신사군이 동북을 접수하기 위해 산하이관을 넘자 국민당도 뒤질세라 최정예군을 동북으로 투입했다. 당시 동북에는 20여만 명의 토비가 있었다. 토비들은 일본군의 무장을 해제시킨 소련군에 대해 때가 되면 떠날 사람들이라며 신경 쓰지 않았다. 일본군이 떠났으니 우리 세상이 왔다고 들썩거리던 토비들은 팔로군과 국민당 병력들이 몰려들자 긴장했다.

"공비(共匪, 당시 국민당 측의 인민해방군 호칭)들이 우리의 지반을 탈취하기 위해 이쪽으로 몰려왔다. 한판 겨루는 것 외에는 별 방법이 없다."

정통 정권이었던 국민당 정부가 공산당을 공비라고 비하할 때였다. 토비들의 공격에 신경을 쓰기는 국민당군도 마찬가지였다. 중공은 국민당군의 공격을 피해가며 토비들을 소탕했다. 그 과정을 통해 동북에서의 입지를 군혔다. 중공이 2년 만에 동북의 토비를 소멸해 민심을 얻고 세를 확장할 줄은 국·공 양당 모두가 상상도 못했다.

1,300명의 토비를 총 안 쏘고 투항시킨 '협상 달인' 강신태

김일성은 동북의 토비 소탕에도 일조를 했다. 동북 해방 직후 만주국의 경찰과 헌병, 특무요원들은 토비들을 회유하느라 혈안이 돼 있었다. 동북에 진주한 국민당도 토비들을 '정치토비'로 변신시키기 위해 지혜를 짜냈다. 아편 거래를 묵인하고 웬만한 불법행위도 눈감아줬다. 현지 사정에 밝은 토비들은 팔로군을 닥치는 대로 공격했다. 무기를 탈취하고, 납치한 팔로군을 엄동설한에 발가벗겨 산속에 내동댕이쳤다. 평양의 김일성은 동북에 잔류 중인 동북항일연군 출신 지휘관들에게 일곱 가지를 지시했다. 그중 여섯 번째가 토비 소탕이었다.

1945년 가을 무렵, 남만주 지구에는 유난히 토비들이 많았다. 동북에 산재해 있던 토비들의 4분의 1에 달하는 약 5만 명이 이 지역에 몰려있었다. 통화, 선양, 안둥 일대가 주 활동 무대였다. 일본군이 버리고 간 무기로 무장한 토비들의 화력은 팔로군을 능가했다. 옌볜 지구에만 해도 약 1만 3,000명의 토비들이 만리장성을 넘어온 중공의 동북민주연군을 위협했다. 김일성은 이 지역의 토비 토벌을 김책과 의논했다. 김책이 88여단 출신 강신태를 추천하자 김일성도 동의했다. 김일성이 자신의 최측근인 강신태를 염두에 두고도 김책의 의견을 물은 데는 나름대로 이유가 있었다. 한때 김책은 강신태의 스승이었다. 이때 강신태는 옌볜에 있었다.

일본이 패망하자 귀국을 준비하던 김일성은 동북에 파견할 옌볜 분견대를 조직했다. 박락권, 지병학, 최광 등 30여 명으로 구성된 옌볜분견대의 인솔자로 강신태를 지명했다. 1945년 9월 5일, 하바로프스크의 88여단 부대를 출발한 강신태는 13일 만인 9월 18일 옌지에 도착했다. 10월 20일, 중공 동북국은 중공 옌볜위원회 설립을 비준하며 강신태를 서기에 임명했다. 강신태는 옌볜 주둔 소련 홍군 경비사령부 부사령관직도 겸했다. 뒤이어 11월 초, 동북국은 옌볜과 안둥을 총괄할 옌안지구 서기로 융원타오(雍文濤)를 파견해 동북인민자치군 옌볜군 분구 설립을 서둘렀다. 사령관에 임명된 강신태는 정치위원 융원타오와 함께 옌볜지구 건군과 토비 소탕을 준비했다.

강신태는 1945년 11월부터 이듬해 7월까지 계속된 토비 소탕을 국·공내전에서 맹위를 떨치게 되는 이홍광 지대(토비 토벌 당시는 조선의용군 제1지대. 조선인 중에서 동북항일연군의 최고위직이었다)와 항일 영웅 양징위를 기리기 위해 설립한 양징위 지대와 연합으로 전개했다. 지안, 퉁화, 린장, 창바이(長白) 일대의 토비들과 100여 차례의 크고 작은 전투를 치렀다. 토비 500여 명을 사살하고 400여 명을 포로로 잡았다. 투항한 1,000여 명은 동북민주연군에 편입시켰다. 강신태는 1,300여 명의 토비들을 총 한방 안 쏘고 귀순시킬 정도로 협상에도 능했다. 김일성이 지시하고 강신태가 집행한 남만주 지역의 토비 소탕이 아니었다면 장백산 지역에 중공이 최초의 근거지를 마련하는 것은 불가능했다.

1997년 9월, 광저우의 간부 요양시설에서 중공 중앙 고문위원회위원 융원타오가 86세로 사망했다. 반세기 전, 동북에서 강신태의 토비 소탕을 거들었던 융원타오는 죽는 날까지 강신태를 잊지 못했다. 임종을 앞두고도 자손들에게 6·25전쟁 초기 북한군 총참모장으로참전해 폭사한 강신태의 죽음을 애석해했다.

저우바오중(周保中, 맨 앞줄 여자 오른쪽),

김일성(앞줄 오른쪽 둘째),

강신태(셋째줄 왼쪽에서 셋째).

경북 상주의 빈농 출신인 강신태는 16세 때부터

김일성을 따라다니며 항일 유격전을 벌였다.

국·공내전 초기, 중공의 옌지 지구 사령관 서기였던 강신태는

동북의 토비 소탕에 큰 공을 세워 중공이 민심을 얻는 데 기여했다.

그는 6·25전쟁 때 고향 부근인 안동에서 32세로 전사했다.

1948년 12월 3일,
북한을 거쳐 단둥에 도착한 신중국의 민주인사들.
젠보짠(왼쪽 첫째), 마쉬룬(왼쪽 둘째), 궈모뤄(왼쪽 넷째),
루쉰의 부인 쉬광핑(왼쪽 여섯째)의 모습도 보인다.

鄕)과 중국 초대 유엔 대사로 유엔 총회석상에서 백발을 휘날리며 멋진 연설을 하게 되는 차오관화 등의 안내로 평양에 머물다 단둥을 거쳐 하얼빈으로 향했다.

국제사회는 냉정하다. 향후 무슨 변화가 있을지 모르지만 녜룽전이 형제나라라고 한 것도 이해가 가고, 황커청이나 샤오징광이 아예 거론조차 안 한 것도 이해가 간다.

국적을 분간하기 힘든 사람들

"겉과 속이 달라야 세련된 사람이다."

한국이 낳은 세계적 작곡가 정율성

1992년 봄쯤으로 기억된다. 홍콩에서 알고 지내던 중국의 유명 잡지 편집인의 전화를 받았다. 내용은 간단했다.

"어제 왕멍(王蒙)이 서울에 갔다. 한국이 초행이다. 네 전화번호를 알려줬다. 연락이 올 테니 만나봐라. 한나절 같이 보내며 이런저런 얘기 나눠보는 것도 좋을 것 같아 연락했다."

지금도 그렇지만, 작가 왕멍에 대해서는 간간이 이름만 들었을 뿐, 아는 게 거의 없을 때였다. 1989년 천안문사태로 실각한 자오쯔양(趙紫陽)이 권좌에 있던 시절 문화부장을 지냈다는 것도 당시에는 몰랐다.

중국의 지식인 중에는 대한족주의자(大漢族主義者)들이 수두룩하다. 거의 모두라고 해도 좋을 정도다. 본명보다 김용(金鏞)이라는 필명으로 널리 알려진 무협소설가 차량용(査良鏞)이나 철학자 펑유란(馮友蘭), 명산문가 지셴린(季羨林) 등 우리 귀에 낯설지 않은 인물들도 마찬가지다. 세상 구경을 많이 한 사람들일수록 정도가 심하다. 겉과 속이 달라야 세련된 사람이라고 확신하는 사람들답게 겉으로는 웃지만 속은 딴판이다. 특히 한국을 보는 눈이 그렇다.

왕멍도 예외가 아니었다. 한국을 아래로 보는 기색이 표정에 묻어났다. 첫마디가 아직도 귀에 생생하다. "어제 회의장에 가서 멍하니 앉아만 있었다. 나와는 전혀 상관없는 회의였다. 도대체 나를 왜 초청했는지 모르겠다"며 픽 웃었다. 초청한 사람들을 깔보는 기색이 역력했다.

"오늘 아침 베이징에 전화했다. 서울이 어떠냐고 묻기에 비행장과 호텔이 좋다고 말했다."

초청한 기관을 듣고 보니 전혀 엉뚱한 사람을 불렀다는 생각이 들었다. 그런 말이 나올 만도 했지만 기분은 썩 좋지 않았다.

몇 년 뒤, 베이징에서 다시 만났을 때 그의 태도가 확 달라져 있는 것을 보고 놀랐다. 시종일관 한국 찬양 일색이었다. 내 중국 친구에게 "왕멍은 네가 중국인인 줄 알았다"고 하더라는 말을 듣고서야 이해가 됐다.

그와 서울 광화문 옛 중앙청 인근을 지날 때 왕멍이 정율성의 노래를 들어본 적이 있느냐고 내게 물었다. 이름은 들었지만 노래를 들어본 적은 없다고 하자 외교관 딩쉐쑹을 아느냐고 물었다. 처음 들어보는 이름이었다. 회고록이나 평전이 있냐고 묻자 볼 만하다며 고개를 끄덕였다. 정율성의 부인이라는 말도 덧붙였다.

그때만 해도 나는 눈뜬장님이었다. 홍콩에 간 김에 딩쉐쑹의 회고록을 구해보니 겉표지가 눈에 익었다. 건성으로 몇 쪽 본 기억이 새로웠다. 객지의 호텔방에서 다시 봤지만 끝까지 읽어보지는 않았다. 6·25전쟁이 남쪽에서 도발한 전쟁이라는 구절이 나오자 그냥 덮어버렸다. 다시 만날 기회는 없었지만, 그 후에도 왕명은 한국을 심심 치 않게 다녀갔다. 한번은 가까운 친구에게 왕명이 정율성의 고향에 가서 「중국인민해방군 행진곡」을 불렀다는 말을 들었다. 아무리 세상이 변했어도 적절한 처신은 아니라는 생각이 들었지만 잠시였다. 정율성을 '중국 조선족'이라고 여기는 사람에겐 전혀 이상한 일이 아니었기 때문이다.

정율성은 한국이 낳은 세계적인 작곡가라고 해도 부인할 수 없는 사실이다. 전쟁의 상처가 가시고, 남북이 서로 오가는 날이 오면, 우리가 새롭게 조명해야 될 사람 중 그 이름이 맨 앞에 있어도 손색이 없는 사람이 정율성이다. "신중국 국가인 「의용군 행진곡」을 작곡한 녜얼과 불후의 명작 「황하대합창」(黃河大合唱)의 작곡자 시싱하이(洗星海)의 뒤를 잇는 걸출하고 우수한 작곡가이며 중국 무산계급 혁명음악 사업의 개척자 중 한 사람"이라는 전 중국 국가 부주석 왕전(王震)의 평가가 바뀔 가능성도 전혀 없다.

정율성은 북한 군가 「조선인민군 행진곡」의 작곡가이기도 하다. 중국측 기록에 따르면 한 사람이 두 나라의 군가를 작곡한 사람은 정율성이 유일하다고 한다. 몇 년 전 덩쉐쑹이 세상을 떠났을 때 정율성의 고향인 광주광역시에서 조문했다는 보도를 접했다. 아무리 고향이 자랑하는 인물의 부인이라 할지라도 지금은 남북이 대치하는 상황이다. 사설단체라면 모를까, 공공기관에서 나선 일이 적절했는지는 한번쯤 생각해볼 필요가 있다. 무슨 일이건 때가 있는 법이다. 이 일은 세월이 지나면 후손들이 해야 마땅한 일이다.

김일성, 평양이민공사 비서장에 딩쉐쑹 임명

딩쉐쑹은 남편 정율성 못지않게 북한과 인연이 깊었다. 중공 동북국 평양 주재 전권대표 주리즈가 이끌던 '평양이민공사' 외에도 '북조선화교연합총회'라는 거창한 이름의 단체가 있었다. 화교위원회 비서장이었던 딩쉐쑹은 이 단체의 실질적인 책임자였다.

일본 패망 직후, 한반도에는 6만 명에 가까운 화교가 상주하고 있었다. 그중 2만여 명이 38도선 이북에서 생업에 종사하고 있었다. 직업도 다양했다. 90퍼센트가 산둥 출신이다 보니 농업 인구가 제일 많았지만 음식점, 잡화상, 바느질가게, 이발소 등을 운영하는 화교도 적지 않았다.

일본은 36년간 화교와 조선인을 이간시켰다. 특히 중·일전쟁이 본격화된 후에는 조선인들에게 '지구상에서 가장 게으르고, 비겁하고, 야비하고, 지저분한 민족이 중국 민족'이라고 각인시키기 위해 무진 애를 썼다. 식민지 교육의 귀재였던 시오하라(鹽原時三郎)가 조선총독부 학무국장에 부임해 기획한 이 교육정책은 효과가 있었다. 골목에서 조선과 화교 청소년들이 조우하면 서로 조롱하고, 끝내는 한바탕 싸움이 벌어지곤 했다. 특히 화교 밀집지역이던 서울의 순화동 골목은 조용한 날이 하루도 없을 정도였다.

연일 화교 배척사건이 일어나기는 북쪽도 마찬가지였다. 남쪽보다 더 심했다. 밖에 나갔다가 머리통이 깨지거나 엉금엉금 기어들어오는 사건이 하루에도 몇 건씩 발생했다. 그 와중에 동북에서 국·공내전이 발발하자 상류층에 진입한 화교들은 머릿속이 복잡했다. 북한의 화교들 중에는 국민당을 중국의 정통정부로 인정하는 사람이 많았다. 중국 공산당 편에 선 사람은 소수였다. 어느 편에 서야 할지 몰라 우왕좌왕하는 화교가 대부분이었다.

중공 동북국은 북한의 화교를 같은 편으로 끌어들이기 위한 공작을 서둘렀다. 화교들의 재력과 물력, 인력을 동원하기 위해 북한 측에 협조를 요청했다. 동북국 부서기 천원이 조선노동당 측에 화교 공작에 협조해달라는 서신을 보냈다. 편지를 받은 김일성은 이의가 없었다. 그쪽에서 알아서 하라며 화교 공작에 필요한 간부들을 파견해도 좋다는 답신을 보냈다. 중공 중앙위원회와 동북국에서 파견된 간부들은 조선노동당 중앙위원회와 각 도의 당 위원회에 화교위원회를 설립하기로 합의했다.

김일성은 화교위원회를 대놓고 지원했다. 주임은 조선노동당원 중에서 임명했지만 뭘 하는지 알 필요도 없다며 업무에서 배제시켰다. 비서장에 중국인을 임명해 모든 권한을 부여했다. 이쯤 되면 북한의 화교 업무를 중공 측에 일임한 것과 다름없었다. 김일성은 정율성의 부인 딩쉐쑹을 비서장에 임명했다. 1946년 겨울, 김일성은 딩쉐쑹에게 '조선노동당 중앙교무위원회 비서장' 임명장을 주며 주리즈의 지시를 받으라는 말을 잊지 않았다.

평양이민공사의 진남포 지사장이었던 궁허쉬안(宮和軒)의 보좌관은 당시 딩쉐쑹이 김일성의 비서 비슷한 역할을 했다는 구술을 남겼다. 길지만 추려서 인용한다.

"궁허쉬안은 동북으로 보낼 무기와 장비 구입에 여념이 없었다. 하루는 함께 거리에 나왔다가 누가 뒤에서 부르는 소리를 들었다. 중국

어가 유창한 조선인이었다. 궁허쉬안과는 항일전쟁 시절의 동료였
다. 궁허쉬안이 '군수물자를 구입하기 위해 왔다. 산둥 지역에는 조
선인들에게 필요한 물건이 많다. 산둥의 특산물과 일본인들이 남기
고 간 무기를 교환하고 싶다'고 하자 조선인은 김일성 위원장을 만나
면 모든 게 해결된다며 소개장을 써줬다. 평양에 가서 김일성의 집무
실을 찾아갔다. 소개장을 내밀며 신분을 밝혔다. 잠시 후 한 여인이
나타났다. 우리는 조선말을 한마디도 못했다. 의사 교환을 어떻게 해
야 할지 눈앞이 캄캄했다. 여인이 김일성 위원장이 대신 만나보라고
했다며 자신을 소개했다.

딩쉐쑹이라면 옌안 시절 귀에 못이 박이도록 들은 이름이었다. 조
선인 정율성과의 연애 때문에 옌안에서는 모르는 사람이 없었다. 딩
쉐쑹은 우리를 김일성의 집무실까지 데리고 갔다. 김일성은 우리 부
탁을 모두 들어줬다. 다롄 항에 있는 물자를 들여오고 싶다고 하자
서두르라며 우리를 안심시켰다. 업무를 마친 나는 동북에 돌아와 고
향 지안의 철도청에 근무했다. 김일성 주석이 지안을 방문했을 때는
며칠간 뜬눈으로 밤을 새웠다. 일도 일이지만, 진남포 시절 우리에게
해줬던 일을 생각하면 피로가 순식간에 달아났다."

북한은 동북전쟁 중이던 중공에게 '편안한 안락의자' 같았다

1979년 9월, 전국정치협상회의 부주석 샤오화가 북한을 방문했다.
1955년, 최연소 상장 계급장을 받았던 샤오화는 화려한 경력을 자랑
하는 노장이었다. 김일성과 자리를 한 샤오화는 34년 전 가을을 회
상했다. 샤오화가 먼저 입을 열었다.

"동북해방전쟁 시절, 우리가 가장 어려웠을 때, 위험을 무릅쓰고 압록강을 건너와 우리를 도와줬다. 그때 조선은 중국 동지들이 가장 믿을 수 있는 후방이라는 말을 했다. 그 말 한마디가 우리를 고무시켰다. 전투가 시작되자 주석은 약속을 지켰다. 그 일을 우리는 영원히 잊을수 없다."

골백번을 해도 부족하지 않고 아무리 들어도 기분 좋은 말이었다.

1945년 11월 말, 국민당과의 결전을 앞둔 중공은 압록강변 안둥(安東, 지금의 단둥) 지구에 파견할 지휘관을 물색했다. 저우언라이는 샤오화가 적임자라고 단정했다. 샤오화는 17세 때 중국 혁명에 뛰어들었고, 22세 때 산둥 성 주석과 단독으로 담판을 벌였던 역전의 용사였다. 장정 시절 홍군이 즐겨 부르던 「장정조가」(長征組歌)의 작곡자이기도 했다. 안둥에 지휘부를 차린 샤오화는 소련에서 귀국한 김일성과의 접촉을 모색했다. 항일전쟁 시절 중공의 동북 특파원을 역임했던 샤오화에게 김일성은 낯선 인물이 아니었다. 김일성이 신의주에 와 있다는 소식을 접하자 참모장을 신의주로 파견했다. 신의주를 시찰 중이던 김일성은 참모장을 만나 사정을 들었다. 참모장은 샤오화의 말을 그대로 전했다.

"현재 우리 부대는 국민당군에게 포위돼 있다. 청컨대 안둥을 한번 방문해주기 바란다."

김일성의 수행원들은 반대했다. 소련 고문들도 찬성하지 않았다. 이유가 비슷했다.

"현재 안둥은 일촉즉발이다. 언제 국민당군의 공격을 받을지 모른

저우언라이가 1946년 11월 국·공내전 발발 직전
난징의 기자회견장에서 내전의 책임이 국민당 쪽에 있다며
장제스를 비난하고 있다.

다. 신변의 안전을 보장하기 힘들다."

김일성은 이들의 권고를 듣지 않았다. 극비리에 압록강을 건넜다. 샤오화와 김일성이 무슨 대화를 나눴는지는 알 길이 없다. 당시 랴오둥(遼東)군구사령부에 근무했던 사람이 상세한 구술을 남겼다.

"중국에서 오랜 세월을 보낸 김일성은 중국 사정을 잘 파악하고 있었다. 특히 동북에 관해서는 우리보다 더 잘 알고 있었다."

김일성은 샤오화를 안심시켰다.

"동북지구는 조선·소련 양국과 국경을 접하고 있다. 필요할 때 중공은 양국의 지원을 받을 수 있다. 장제스의 국민당군이 동북을 포위하고 있지만, 저들에게는 견고한 후방이 없다. 점령지역도 대도시에 불과하다. 중소 도시를 점령해서 힘을 보충한 후에 대규모 병력을 동원한 기동전과 유격전을 병행해라. 그렇게만 하면 국민당군을 멸망시킬 수 있다."

방법도 구체적으로 제시했다고 한다.

"무모한 충돌을 피해라. 도시에 몰려 있지 마라. 적의 병력을 분산시켜야 한다. 농촌으로 흩어져라. 농촌에 강력한 근거지를 만들어라. 군대와 군중들에게 사상 교육을 게을리하지 마라. 필승의 신념을 심어줘야 희생을 마다하지 않고 전투에 임한다. 장백산 지역의 해방구를 목숨을 걸고 사수해라. 곤란에 처했을 때 후퇴할 곳이 있어야 한다. 너희들이 가장 의지할 수 있는 지역이다. 장제스 부대에 양식과 물자를 제공하지 말라고 군중들을 단단히 교육시켜라."

실제로 동북전쟁 기간에 중공은 북한을 편안한 안락의자에 비유했다. 훗날 샤오화가 린뱌오에게 김일성의 충고를 전했는지 여부는 알 길이 없다. 동북에 부임한 린뱌오는 도시에서 철수한 후 농촌에 들어가 민심을 장악하고 국민당군에게 공세를 퍼부어 승리의 기틀을 마련했다. 린뱌오는 냉정한 사람이었다. 훗날 김일성이 중국을 방문했을 때도 대우는 융숭히 했지만 높이 평가했다는 기록은 남기지 않았다.

날이 어두워지자 김일성은 샤오화의 거처로 자리를 옮겼다. 샤오화가 부상병과 군속들을 조선 경내로 이전해줄 것을 요구하자 신의주로 옮기라고 선뜻 응했다. 새벽닭이 울자 김일성은 안둥을 떠났다. 여러 사람의 구술이 남아 있는 것을 보면 김일성의 안둥 방문은 사실인 듯하다.

북한에서 한국인처럼 살다간 주리즈

앞에서 중공이 평양에 설치한 비밀기관인 평양이민공사와 주리즈를 간단히 언급한 적이 있다. 지금도 중국의 웬만한 서점에 가면 『주리즈전』(朱理治傳), 『주리즈 탄신 100주년 문집』 등 그에 관한 서적이 도처에 널려 있다. 그중에서도 주리즈의 이민공사 시절에 관한 부분은 여성 최초의 신중국 외국 주재 대사를 역임한 딩쉐쑹의 회고록과 『회억동북 해방전쟁기간 동북국주조선판사처』(回憶東北解放戰爭期間東北局駐朝鮮辦事處)가 가장 상세하다.

평양이민공사 사장 주리즈의 공식 직함은 '평양 주재 중공 동북국 연락사무소 수석전권대표'였다. 1907년, 장쑤 성 난퉁(南通)의 의사

1945년 8월 중순,
소련군 지휘관과 함께 산하이관 작전을 숙의하는
주리즈(가운데 종이를 손에 든 사람).

집안에서 태어난 주리즈는 중공의 원로 당원이었다. 20세 되던 해 3월, 중국 공산당에 입당했다. 명문 칭화대학 경제학과 2학년생이던 주리즈는 입당 1개월 만에 장제스가 군사정변을 일으켜 공산당 숙청에 나서자 노동운동에 투신했다. 님 웨일스의 『아리랑』 덕분에 우리에게도 익숙한 쉬하이둥(徐海東)과 시진핑의 부친 시중쉰(習仲勳)에게 가장 많은 영향을 준 류즈단(劉之丹)과 함께한 시간이 많았다. 특히 저우언라이의 신임이 대단했다.

항일전쟁 전야, 장쉐량이 저우언라이에게 시안에 주둔하던 동북군에 연락관을 파견해달라고 하자 선뜻 주리즈를 연상했을 정도였다. 1936년 12월, 장쉐량의 동북군이 시안에서 장제스를 감금해 항일전쟁과 국·공합작을 요구하기까지는 주리즈의 공로를 무시할 수 없었다. 주리즈는 행동이 민첩하고 직위의 높고 낮음을 가리지 않는 장점이 있었다. 이런 주리즈를 예젠잉도 과소평가하지 않았다. 오랫동안 함께 일했던 딩쉐쑹의 평이 흥미롭다.

"당 중앙과 동북국이 평양에 주리즈를 파견하기로 한 것은 신중에 신중을 거듭한 결과였다. 주리즈는 조선의 당과 정부에 있는 인물들과 대화가 가능할 정도로 경력이 다채로웠다. 경제가 뭔지를 알고, 당 중앙과도 수시로 연락할 통로가 있었다."

평양에 부임한 주리즈는 북한의 지도층과 자주 어울렸다. 특히 김일성과의 만남이 빈번했다. 며칠에 한 번씩은 꼭 만났다. 나이는 주리즈가 다섯 살 더 많았다. 『주리즈전』의 한 구절을 인용한다.

"당시 김일성은 35~36세 정도였다. 나이에 비해 노련하고 정치가의 풍도가 몸에 배어 있었다. 당·정·군 건설로 한참 분주해 보였다. 단결을 강조하며, 산재해 있는 역량을 모으기 위해 애쓰는 모습이 특이했다. 일찍이 중국 혁명에 참가했던 탓에 중국 공산당과 군대, 간부들에 대한 감정이 남달랐다. 주리즈와는 형제처럼 가까웠다. 두 사람 사이에 외교적인 예의나 의전 따위는 찾아볼 수도 없었다. 특히 전화로 얘기할 때는 같은 나라의 같은 직책에 있는 사람들 같았다. 돌려서 말하는 법도 없었다. 소련군을 매수하기 위해 머리 맞대고 의논하는 모습을 본 사람이 많다고 한다."

주리즈의 부관도 구술을 남겼다.

"우리 대표와 김일성 위원장은 하루에도 몇 번씩 통화를 했다. 비서나 부관을 거치지 않고 직접 걸고 받을 때가 많았다. 낙관적인 성격이 비슷했다. 뭐가 그렇게 재미있는지 웃음소리가 밖에까지 들렸다. 한 번은 주리즈의 부탁을 받은 김일성이 군수물자 수송을 운수상에게 지시했다. 제 날짜에 이루어지지 않자 전쟁에는 시간이 제일 중요하다, 사람 망신시키는 놈이라며 운수상을 파면시켰다. 비밀 얘기를 주고받을 때는 사냥을 나갔다."

주리즈는 김일성의 가족과도 친했다.

"김일성의 부인 김정숙은 전쟁터에서 단련된 사람 같았다. 주리

김일성은 중국을 방문할 때 지안(輯安)을 자주 경유했다.
그럴 때마다 저우언라이(앞줄 왼쪽)는 지안까지 마중을 나왔다.
1953년 가을, 지안 역에 도착한 김일성 일행을
저우언라이가 맞고 있다. 저우언라이와 함께 나온
동북인민정부 주석 가오강(저우언라이 뒤 안경 쓴 사람)과
국방부장 펑더화이(김일성 뒤)의 모습도 보인다.

즈가 오면 직접 음식을 만들어 대접했다. 주리즈의 부인이 동북에
서 왔다는 말을 듣자 집으로 초청했다. 두 여인이 자매처럼 가까워
지기까지 오랜 시간이 걸리지 않았다."

주리즈는 최용건과도 친했다. 하얼빈에서 돼지고기와 고량주가 오
면 꼭 최용건과 나눠 먹었다. 최용건의 부인 왕징(王靜)은 중국 여인
이었다. 특이한 음식을 만들면 주리즈의 사무실까지 뒤뚱거리며 들
고 오곤 했다. 주리즈는 왕징이 만든 요리를 제일 좋아했다. 1947년
9월 27일, 주리즈의 둘째 아들이 태어났다. 부인이 난산이라는 말을
듣고 최용건 부부는 온종일 병원 앞을 서성거렸다. 아들이라는 말을
듣자 이름을 주핑랑(朱平壤, 평양의 중국식 발음)이라고 지어줬다.
　포병 사령관 무정도 틈만 나면 주리즈의 집을 찾았다. 고향에 온
것 같다며 술 한잔 하면 떠나갈 듯이 중국 노래만 불러댔다. 이 정도
면 중국인인지 한국인인지 구분하기 힘든 사람들이라고 해도 과언
이 아니다.

새시대의 여명 5

포성 속에서 성장한 전사들에게
파마와 얼굴 화장, 치파오와 굽 높은 신발은
애초부터 무리였다. 예절교육 담당자가
"남편은 국가를 대표하는 사람들이다.
외교관 부인은 복장 · 행동 · 말투가 남달라야 한다.
남편이나 과거의 동지들이 좀 모자란 행동을 했다고
소리부터 버럭 지르는 교양 없는 행동은
정말 고쳐야 한다"는 말을 하자 분노가 폭발했다.
"대사 부인 하느니 이참에 이혼하고 군부대로
돌아가겠다"는 발언들이 속출했다.

신중국의 탄생

"의견이 일치했다. 논쟁은 불필요하다.
방향은 사회주의다."

이제 남은 것은 베이핑이었다

베이핑과 텐진 지역 전투는 랴오선(遼藩)·화이하이(淮海)와 함께 국·공내전의 3대 전역(戰役) 중 하나였다. 이 지역의 국민당군 총사령관은 항일전쟁에서 명성을 떨친 푸쮀이(傅作義)였다. 그의 병력 50만이 베이핑과 텐진을 포함한 사방 50킬로미터에 포진해 있었다. 산하이관에서 장자커우(張家口)까지 폭이 좁고 긴 지역들이었다.

중난하이에 지휘부를 차리고 있던 푸쮀이는 동북을 점령한 후 방향을 튼 동북야전군과 화북야전군의 공격에 직면했다. 푸쮀이는 장제스의 직계가 아니었다. 한번 쓴 사람은 끝까지 믿어야 한다고들 하지만, 의심해서 크게 손해본 적도 없다 보니 두 사람 다 머릿속이 복잡했다. 랴오선 전역에서 승리한 공비들이 휴식을 취하고 전력을 정비해 산하이관을 넘보려면 3개월은 지나야 한다는 점에서는 의견이 일치했다. 화동(華東)과 중원(中原) 지역에서는 화이하이 전역이 진행 중이었지만 장제스는 푸쮀이의 병력을 화동 지역으로 이동시키지 않고 베이핑·텐진·장자커우 일대를 고수하게 했다.

마오쩌둥은 이들의 허를 찔렀다. 동북 점령 2주 후인 11월 18일,

1959년 10월, 신중국건국 10주년 경축식에 참석한 외국 대표단원들.
앞줄 왼쪽부터 주더(열째), 류사오치(열셋째), 흐루쇼프(열넷째), 마오쩌둥(열다섯째),
앞줄 오른쪽부터 뤄룽환(둘째), 펑전(다섯째), 린뱌오(여덟째), 쑹칭링(열째),
김일성(열한째), 저우언라이(열둘째), 호찌민(열넷째).

동북야전군에게 탕산(唐山)·탕구(塘沽)·톈진을 포위해 국민당군이 해상을 통해 남쪽으로 이동하는 것을 차단하라는 전문을 보냈다. 동시에 신화사와 각 방송을 통해 상대방을 교란시키는 뉴스를 계속 내보냈다. 동북야전군 80만 명과 화북야전군 13만 명 외에 참전이 가능한 지방부대를 동원해 공세를 퍼부었다. 거의 모든 전투에서 인민해방군은 승리를 거뒀다. 국민당의 지휘관들은 생포되거나 도주하거나 투항했다. 관문인 산하이관에 도달하기 전까지는 중앙군사위원회에서 직접 지휘했지만 1949년 1월 3일부터 12일까지 톈진 외곽의 국민당 부대를 완전히 소탕한 후에는 모든 작전과 도시의 접수에 관한 권한을 린뱌오에게 일임했다.

1월 14일, 해방군은 보병·포병·공병과 전차부대를 동원한 연합작전을 펼쳐 하루 만에 톈진을 점령했다. 국민당군 13만여 명을 궤멸시키고 톈진경비사령관 천창제(陳長捷)를 생포했다. 장제스는 탕구의 국민당군을 철수시켰다. 말이 좋아 철수지 실은 도망이었다. 이제 남은 것은 베이핑이었다. 해방군 대군은 베이핑을 포위해 국민당군 25만 명을 고립시켰다.

국민당 사령관 무장해제시킨 공산당원 딸

마오쩌둥이 화이하이 전역을 먼저 일으킨 것은 남쪽의 국민당 군대가 화북지역으로 이동할 기회를 차단하고 푸쭤이의 군대를 북쪽에 묶어두어야 베이핑 입성이 용이하다는 전략적 판단 때문이었다.

베이핑은 고도(古都)였다. 국민정부가 난징을 수도로 정하는 바람에 원래의 명칭을 상실했지만 도시 전체가 세계적인 문화유산이었다. 어차피 이긴 전쟁인데 포격이라도 가했다간 훗날 무슨 오명을 뒤집어쓸지 몰랐다. 마오쩌둥은 "적을 격리시키되 포위하지는 말고(隔而不圍), 포위하되 공격하지는 말라(圍而不打)"는 전략을 택했다. 평화적 입성을 위해 지하당원을 총동원했다. 푸쭤이에 대한 공작을 펴나갔다. 푸쭤이의 딸도 공산당 지하당원으로 부친을 설득했다.

"장제스는 자신을 돌볼 여력도 없다. 지원병은 오지 않는다. 공산당의 평화적인 담판 조건을 받아들여라. 전화(戰禍)를 면한 시민들은 아버지에 대한 고마움을 잊지 않을 것이다."

분위기를 눈치 챈 장제스는 차남 장웨이궈를 파견해 일부 병력이라도 칭다오로 공수하려 했지만 실패했다. 또 쓸데없는 일인 줄 알면서도 "고수하며 후원병이 오기를 기다려라. 성공하지 못하면 죽기라도 해서 혁명대업을 완수하라"는 친필 서신을 공중에서 투하해 지휘관들을 격려했다. 할 수 있는 일이라곤 그것밖에 없었다.

1월 21일, 인민해방군과 푸쭤이 사이에 평화협정이 체결됐다. 다음 날 국민당군 20만 명이 교외로 철수했다. 이들과 베이핑에 잔류한 5만 명은 해방군에 편입됐다. 1월 31일, 해방군은 베이핑에 입성했다. 난징의 장제스는 '시력 악화'를 이유로 총통직을 사직했다.

마오쩌둥·주더·류사오치·저우언라이·런비스 등 다섯 명의 서기도 3월 23일 오후, 중국 공산당의 마지막 농촌 지휘부 시바이포를 떠났다. 목적지는 베이핑이었다.

마오 "자산계급이 만든 삼권분립, 염두 두지 마라"

1949년 6월 15일, 신(新)정치협상회의 구성을 위한 주비회의가 베

1948년 10월 마지막 베이핑 방문을 마치고
떠나는 장제스(가운데). 오른쪽은 푸쭤이.

이핑에서 열렸다. 중국 공산당과 각 민주당파, 무소속, 사회단체 등 23개 단위를 대표해 134명이 참석했다. 6개 소조를 둬 신정치협의회에 참가할 단위와 대표 명단을 작성하고 '공동강령' 초안과 신중국의 국기, 국휘(國徽), 국가 선정 등을 토의했다.

마오쩌둥도 새로 만든 옷을 입고 참석해 개막 연설을 했다.

"우리가 새로운 정치협상회의를 소집한 것은 민주연합정부를 수립할 수 있는 모든 조건이 성숙됐기 때문이다. 전 중국의 인민들은 새로운 정부의 탄생을 갈망한다. 회의는 이들의 희망을 충족시켜주기 위한 것이다. 질질 끌 필요가 없다." 마오쩌둥은 말미에 "중화민국은 이름은 멀쩡했지만 인민과는 아무 상관이 없었다. 현재 우리가 바라는 것은 명부기실한 중화인민민주공화국"이라는 말을 덧붙였다. "중화인민민주공화국 만세, 민주연합정부 만세, 중국 인민 대단결 만세"를 외치고 하단했다.

국가의 명칭은 마오쩌둥이 만세를 불러버렸기 때문에 재론의 여지가 없었다. 한 참석자가 "민주와 공화는 동의어"라는 의견을 제시했다. 일리가 있었다. 앞으로 만세 부를 일이 많을 것을 감안하면 한 글자라도 줄이는 게 좋았다. '민주'를 뺐다. 저우언라이는 쑨원의 추앙자인 민주 인사들의 정서를 감안해 중화인민공화국 옆에 괄호를 열고 '간칭 중화민국'을 첨가했다. 쓰투메이탕(司徒美堂)이 의견을 제시했다.

"나는 쑨원을 존경하지만 중화민국이라는 네 글자에는 정나미가 떨어진다. 말이 민국이지 인민과는 무관했다."

신해혁명에 참가한 치공당(致公黨, 중국의 8개 민주당파 정당 가운데 하나) 창시자의 한마디는 무게가 있었다. 국호는 '중화인민공화국'으로 최종 확정했다. 핵심은 신중국의 국체(國體)와 정체(政體)였다. 마오쩌둥이 "자산계급이 만들어낸 의회제도나 삼권분립은 염두에 둘 필요가 없다"는 말을 예전에 한 적이 있었다. 토론에 참석한 민주 인사들은 마오쩌둥이 이미 제시했던 탁견을 찬양하기에 바빴다. 공산당 대표들은 발언 기회를 얻기도 힘들 지경이었다. 마오쩌둥은 만면에 웃음을 거두지 못하며 발언자들의 의견마다 찬성을 표시했다. 사회학자 페이샤오퉁(費孝通)의 발언은 일품이었다.

"의견이 일치했다. 논쟁은 불필요하다. 우리는 서구 사람들이 얘기하는 민주가 아닌 신민주주의의 길을 가야 한다. 방향은 사회주의다."

의회주의가 가장 발달했다는 영국과 미국에서 오래 공부한 사람이라 뭐가 달라도 달랐다.

십여 차례 수정을 거쳐 대엿새 만에 후다닥 초안을 작성한 '공동강령'은 임시 헌법의 역할을 했다. "신민주주의는 인민민주주의 국가를 의미한다. 인민대표대회가 구성되기 전까지 정치협상회의가 직권을 대행한다"고 규정했다. 7월 1일은 중공 창당기념일이었다. 9개의 민주당파는 연명으로 중공 중앙위원회에 축하전문을 보냈고 마오쩌둥은 신정권 탄생의 역사적 필연을 강조하는 글을 발표했다.

7월 15일, 『인민일보』는 신정치협의회 주비회 명의로 국기와 국휘의 도안 및 국가를 전국에 공모한다는 공고를 내보냈다. 1개월 만에 주비위원회는 2,992개의 국기 도안을 접수했다. 중국 혁명이 계급 혁명임을 분명히 하고 혁명과 중국인을 상징하는 홍색과 황색을 적절히 배치한 상하이의 청년 노동자 쩡롄쑹(曾聯松)의 도안이 채택됐

1949년 3월 25일 시위안(西苑) 비행장에서
민주당파 인사들이 베이핑으로 향하는
마오쩌둥(오른쪽 셋째) 일행을 배웅하고 있다.

개국 선언 하루 전인 1949년 9월 30일,
정치협상회의 전체회의에서
주석단이 오성홍기를 처음으로 선보이고 있다.

다. 국가는 600여 곡이 접수됐지만 하나같이 신통치 않았다. 화가 쉬베이훙(徐悲鴻)이 「의용군 행진곡」을 한번 생각해보자는 의견을 제시했다. 1935년에 상영된 한 영화의 주제가였다. 톈한(田漢) 작사에 요절한 음악가 녜얼이 곡을 붙인 웅장하고 맺고 끊음이 분명한 노래였다. 량치차오(梁啓超)의 아들인 건축가 량쓰청(梁思成)도 "미국에 있을 때 누가 뒤에서 「의용군 행진곡」을 흥얼거리기에 돌아봤더니 미국 청년이더라"며 거들었다. 국휘는 천천히 만들기로 했다. 베이핑을 베이징(北京)으로 개명했다.

회의 기간에 민주 인사의 대표 격이었던 선쥔루(沈鈞儒)가 마오쩌둥에게 경의를 표할 것을 제의했다. 마오쩌둥이 완곡하게 사절하자 선쥔루는 일동이 기립박수라도 치자고 했다. 마오쩌둥은 두 번의 국궁례로 화답했다. 1949년 9월 21일부터 30일까지 중국인민정치협상회의 1차 회의가 중난하이 안에 있는 화이런탕(懷仁堂)에서 열렸다. 10월 1일 오후 천안문광장에서 개국을 선언하고 열병식을 하기로 했다. 국토의 절반은 여전히 국민당이 장악하고 있을 때였다.

지도부 입주 앞서 1,000명이 5개월간 대청소

당(唐) 현종(玄宗) 시절인 755년, 안록산(安祿山)이 조정에 반기를 들자 그의 추천 덕에 병마사(兵馬使) 자리에 오른 사사명(史思明)도 반란에 합류했다. 안록산은 범양(范陽)에서 황제에 즉위하며 범양을 대도(大都)라 개칭했다. 안록산이 아들에게 죽임을 당하자 사사명은 투항했지만 1년 만에 다시 반란을 일으켰다. 대연(大燕) 황제를 칭하며 대도의 명칭을 연경(燕京)으로 바꿔버렸다.

연경은 연산(燕山)산맥의 동남쪽에 위치한 호수와 늪지대였다. 수초가 우거지고 학이 서식하는 음산한 절경지였다. 송(宋) 왕조 시절 북방에서 흥기한 요(遼) 왕조는 무슨 생각에서인지 이 늪지대에 행궁(行宮)을 설치했다. 요를 멸망시킨 금(金)은 한술 더 떴다. 연경으로 천도해 토목공사를 일으켰다. 강과 연못을 파고 호수와 늪을 정리해 황궁을 건조하기 시작했다. 지금의 베이하이(北海) 공원과 중난하이 일대였다.

1271년 원(元) 제국의 건설자 쿠빌라이(忽必烈)도 연경을 수도로 했다. 대도라고 개명한 후 사방 60리에 도성을 쌓았다. 요와 금이 축조한 황궁의 면적을 넓히고 호수를 팠다. 건조한 초원에서 물을 찾아다니던 유목민족들이다 보니 물은 생명처럼 소중했다. 꽃이 만발한 정원보다 더 아름다웠다. 몽골인들은 '수'(水)를 정원을 의미하는 '해'(海) 혹은 '해자'(海子)라고 불렀다. 도성 안에 인공호수를 만들어 스차첸하이(什刹前海), 허우하이(後海), 베이하이, 중하이(中海), 난하이(南海)라 명명했다. 몽골인들은 100년을 채우지 못하고 초원지대로 쫓겨났다.

베이징의 건설자는 한결같이 초원에서 출발해 제국을 건설한 유목민족들이었지만 본격적인 개발은 한족 정권인 명(明) 건국 이후였다. 태조 주원장(朱元璋)은 난징에 수도를 정하고 대도를 베이핑으로 개명했지만 세 번째 황제 영락(永樂)은 베이핑으로 천도해 베이징을 탄생시켰다.

영락은 금·원의 황궁을 더 이상 확충하지 않았다. 대신 동쪽에 거대한 규모의 자금성을 건조하고 금·원대의 황궁은 시위안으로, 인공호수는 시하이쯔(西海子)로 개칭해 피서행궁으로 사용했다.

17세기 중엽 산하이관을 넘어와 청 왕조를 수립한 만주족들은 황궁을 계속 넓혀 나갔다. 배가 다닐 수 있을 정도로 호수를 깊이 파고 연꽃을 심었다. 인공산을 만들어 나무도 심었다. 5개 왕조가 700여 년에 걸쳐 건조한 시위안의 세 호수는 산·물·섬·다리·정자·누각이 어우러진 별천지였다.

중난하이와 베이하이를 분리시킨 사람은 위안스카이였다. 1911년 발발한 혁명 덕에 총통에 취임한 위안스카이는 중하이와 난하이에 대총통부를 설치한 후 베이하이와 중하이의 경계선에 살벌한 담을 쌓았다. 안전이 이유였다. 베이하이는 서민들의 휴식 장소로 공개했다. 자금성과도 완전히 격리시키기 위해 사이에 길을 만들고 양쪽에 담을 쌓았다. 중난하이는 완전한 성역으로 자리 잡았다. 면적은 자금성의 3분의 1, 베이하이 공원의 두 배였다.

위안스카이가 죽자 중난하이는 정객과 군벌들의 각축장으로 전락했다. 10년간 주마등처럼 거쳐간 군벌이 아홉 명이었다. 마지막 주인은 동북 군벌 장쭤린이었다.

장제스가 북벌을 완수하고 난징에 국민정부를 수립하자 베이징은 다시 베이핑이 됐다. 베이핑 시는 위안스카이가 쌓았던 담장을 허물고 중난하이도 일반에게 공개했지만 정부가 파견한 대규모 병력이 중난하이에 주둔하면서 다시 일반인의 출입을 금지시켰다.

1937년 여름 일본군이 베이핑을 점령하자 이번에는 괴뢰정부가 중난하이를 접수했고 일본이 항복한 후에는 다시 국민당 군대의 주둔지가 됐다. 국·공 간에 전면전이 발발한 후에도 중난하이는 푸쭤이가 지휘하는 화북지역 공산당 토벌 총사령부의 소재지였다. 세계에서 가장 오랜 역사를 자랑하며 완벽하게 보존된 황실 정원이라고 해도 과장이 아닌 중난하이는 불과 몇십 년 사이에 지저분하고 흉한 몰골로 변했다.

1949년 1월 마지막 날, 화북야전군은 평화리에 베이핑을 접수했다. 신정권의 입주지를 물색하던 중 중난하이를 주목했지만 전체 면적의 70퍼센트를 차지하는 호수의 물빛은 검붉었고 도처에 쓰레기와 인분이 널려 있었다. 말로는 표현할 수 없는 악취가 사방에서 진동했다. 1,000여 명이 5개월간 불철주야 청소한 후에야 원래의 모습을 되찾았다. 신중국 선언 4개월 전부터 당 중앙과 주요 간부들이 중난하이에 거처하며 집무를 보기 시작했다.

왕조가 교체될 때마다 베이징은 명칭이 바뀌고 변화가 무상했다. 그 과정에서 중난하이도 온전할 수 없었다. 중난하이를 온갖 유린을 당하면서도 품위를 잃지 않고 고귀함을 더해간 여인에 비유하는 사람이 많다.

신중국 초기 외교부 풍경

"우리가 언제 외국어 잘해서 전쟁에 이겼느냐."

마오쩌둥, 외교관 망명 막으려 인민군에서 대사 차출

1949년 1월 19일, 내전 승리를 앞둔 마오쩌둥은 외교문제에 관한 세부사항들을 중공 중앙위원회에 서면으로 지시했다. 말미에 "중국은 독립국가다. 그 어떤 국가나 연합국(유엔)의 내정간섭을 절대 허용하지 않겠다. 중국 경내에서 발생하는 모든 일은 중국 인민과 인민의 정부가 스스로 해결하는 것이 마땅하다"며 구(舊) 중국의 굴욕외교와 확실한 선을 그었다. 10월 1일, 사회주의 중국을 선포하는 자리에서도 "본 정부는 전국 인민의 유일한 합법정부인 중화인민공화국을 대표한다. 상호 평등과 쌍방의 이익을 준수하고, 영토주권의 원칙을 존중하는 국가들과 정상적인 외교관계가 수립되기를 희망한다"는 말을 덧붙였다. 마오의 외교정책은 부뚜막을 새로 만들고, 집안을 깨끗이 청소한 후에 다시 손님을 초대하고, 사회주의 일변도(一邊倒)를 견지한다는 세 가지였다.

신(新)중국 선포 1개월 후인 11월 18일, 북양정부 외교부 소재지였던 '둥단 구(東單區, 현재의 둥청 구東城區) 외교부가(街) 31번지'에서 '중화인민공화국 외교부' 현판식이 열렸다. 판공청(辦公廳) 주임 왕빙난(王炳南)이 성립대회를 주재했다. 부(副)부장 리커눙이 총리 저우언라이를 소개했다. 저우언라이의 인사말은 훈시라기보다 덕담 수준이었다.

"모든 기관이 성립대회를 연다. 우리도 예외가 아니다. 이게 바로 형식주의다."

회의장에 폭소가 터졌다.

"리커눙 부부장의 착오를 수정하겠다. 나는 외교부장이다. 앞으로 외교부 사람들은 나를 총리라 부르지 마라. 부장이라고 불러라."

저우언라이는 국무원 총리와 외교부장을 겸하고 있었다.

신중국 외교부는 전 세계를 대상으로 업무를 시작했다. 저우언라이가 사무용품을 새로 구입하지 말라는 바람에 북양정부가 쓰던 비품들을 그대로 사용했다. 자동차도 없었지만 자전거 하나만은 당시 최고급이었던 봉황(鳳凰)표 20대를 홍콩에서 구입해 타고 다녔다. 대우는 형편없었다. 한 달 봉급은 3위안(元)으로 싸구려 신발 한 켤레 값이었다. 매달 아이스케키나 과자 사먹기에도 빠듯한 돈을 받다 보니 끼니는 모두 구내식당에서 해결했다.

해방 초기 가장 흔한 식료품이 미군부대에서 흘러나온 버터였다. 1년 열두 달 하루도 빠짐없이 좁쌀 밥에 버터를 넣고 비벼 먹던 신중국 초기 외교부 근무자들은 나이가 들어서도 버터만 보면 고개를 돌렸다고 한다. 4년이 지나자 야채 볶음과 닭고기들이 가끔 나오고 제대로 된 봉급을 받기 시작했다.

외교부는 1년 만에 17개 국가와 외교관계를 수립했다. 그중 6개는 의식 형태가 완전히 다른 자본주의 국가였다. 영국·파키스탄·노르

신중국의 외교관들. 마오쩌둥은 인민해방군 지휘관들 중에서
외교관을 선발했다. 황전(黃鎭, 맨 앞줄 왼쪽 둘째),
외교 부장 천이(맨 앞줄 오른쪽 둘째), 랴오청즈(맨 뒷줄 왼쪽 첫째),
차오관화(맨 뒷줄 오른쪽 첫째).

웨이 등 7개국과도 수교를 위한 회담이 진행 중이었다.

마오쩌둥은 1차로 해외에 파견할 특명전권대사 15명을 인민해방군 지휘관 중에서 차출했다. 국민당 시절 외교 업무에 종사했던 외교관은 많았지만 이들을 해외에 내보낸다면 망명을 하지 않는다는 보장이 없었다. 실제로 마오쩌둥은 농담이라며 "왜 장군들을 파견하려 하는지에 대해 궁금해하는 사람들이 있다. 적어도 이 사람들은 도망 갈 염려가 없기 때문이다"라는 말을 한 적이 있다.

한 번도 빨아본 적이 없는 두툼한 군복에 짐 보따리를 둘러멘 사람들이 꾸역꾸역 외교부로 몰려들었다. 장정과 항일전쟁, 국·공내전을 거치며 많게는 10여만 명에서 적게는 2만 명 이상의 전투병력을 지휘한 경험이 있는 장군들이었다. 개중에는 베이징을 처음 와 본 사람도 있었지만 평생 주눅이라곤 들어본 적 없는 듯 행동거지에 거침이 없었다. 따라온 부인들의 행색도 남편들과 비슷했다. 저우언라이는 온몸에서 화약냄새가 가시지 않은 미래의 전권대사와 부인들을 위해 호텔 한 개를 비워놓고 외교부 강당에 '대사 훈련반'을 개설했다. 걱정이 태산 같았다.

"총칼 대신 입으로 싸워라"

1950년 봄, 제3야전군 7병단 정치부 주임 지펑페이(姬鵬飛)는 외교부에 근무하라는 명령을 받았다. 왕년의 직속상관 쑤위를 찾아가 군대에 남아 있게 해달라고 하소연했다. "우리는 장군이다. 국가가 요구할 때 선택할 권한이 없다"는 답을 듣자 군말 없이 베이징을 향했다.

저우언라이의 부름을 받은 2병단 참모장 겅뱌오(耿飚)는 솔직한 사람이었다. "명령에 무조건 복종하겠다. 외교에 관해 아는 것이 전혀 없어 걱정이다"며 한숨만 내쉬었다.

장정 시절 백발백중의 사격 솜씨를 자랑하던 중앙군사위원회 정치부 주임 황전은 부인 주린(朱霖, 전 국무위원 다이빙궈戴秉國의 장모)이 축하하기는커녕 "혼자 나가서 외교관 노릇 열심히 해라. 나는 국내에서 할 일이 많다"는 말을 하자 난감해했다. 겨우 달래 이불 보따리 두 개와 자녀들을 데리고 외교부에 도착했다.

유격전과 정규전을 두루 거친 한녠룽(韓念龍)과 황포군관학교 1기 출신인 난징군구 경비사령관 위안중셴(袁仲賢)도 답답하기는 마찬가지였다.

마오쩌둥과 저우언라이는 작전 지역을 옮겨다니던 사람들의 흥미를 유발시키기 위해 전쟁과 외교를 교묘히 결합시켰다.

"여러분은 새로운 전쟁터로 나간다. 외교는 전쟁과 똑같다. 그동안 총칼을 들고 싸웠지만 이제부턴 글과 입으로 싸워야 한다. 작전 지역 이동이라고 생각하면 된다."

외교무대가 전쟁터와 같다는 말을 들은 장군들은 그제야 귀가 솔깃했다. 전쟁이라면 자신 있었다. 외국어 때문에 걱정하는 사람들에겐 "우리가 언제 외국어 잘해서 전쟁에 이겼느냐. 상대방이 말할 때 웃으며 고개만 까딱거리면 된다"며 안심시켰다.

가장 중요한 사항 중 하나인 '신임장 제정'에 관한 설명은 주린이 "대단한 건 줄 알았더니 소개장이네"라며 한마디 하자 다들 "맞다"고 박장대소하는 바람에 쉽게 끝났다. 따지고 보면 신임장이나 소개

신중국의 외교관과 부인들.

장이나 그게 그거였다.

총칼과 군복 대신 넥타이와 하이힐

각 방면의 전문가와 학자들이 국제법·연합국헌장·면책특권 등 외교관이 꼭 알아야 될 것들을 주입시키고 신임장·비망록·전보·회담기록 등의 전시회도 열었다. 모두 난생처음 보고 듣는 것들이었다. 장군들의 시야가 서서히 넓어지기 시작했다.

문제는 생활습관이었다. 호텔에 머물며 훈련을 받던 장군들은 아침마다 허리가 끊어지는 것 같았다. 스프링이 달린 침대는 옷 입은 채로 땅바닥에서 자는 것만도 못했다. 소파에 앉으면 몸이 푹 꺼지고 제대로 움직일 수 없었다. 방 안에 화장실이 있는 것도 이상했다. 양식 먹는 법과 사교춤은 정말 배우기가 힘들었다. 양복에 넥타이 매고 포크와 나이프질 하자니 숨이 막혀 음식이 제대로 넘어가질 않았다. 두부 한 판과 찐빵 열 개를 단숨에 먹어치워도 탈 난 적이 없었던 장군들은 화장실 드나드느라 정신이 없었다. 전쟁 시절 틈만 나면 모여 춤을 췄지만 마룻바닥 위에서 추는 춤은 사람이 할 짓이 아니었다.

부인들은 더 힘들어했다. 포성 속에서 성장한 전사들에게 파마와 얼굴 화장, 치파오와 굽 높은 신발은 애초부터 무리였다. 예절교육 담당자가 "남편은 국가를 대표하는 사람들이다. 외교관 부인은 복장·행동·말투가 남달라야 한다. 남편이나 과거의 동지들이 좀 모자란 행동을 했다고 소리부터 버럭 지르는 교양 없는 행동은 정말 고쳐야 한다"는 말을 하자 분노가 폭발했다.

주린이 "우리는 자신을 해방시키기 위해 혁명에 참가했다. 부속품 노릇 하라니 어이가 없다. 이건 모욕이다"며 격앙하자 "대사 부인 하느니 이참에 이혼하고 군부대로 돌아가겠다"는 발언들이 속출했다. 여전사들은 총리 면담을 요구했다. 저우언라이는 부인 덩잉차오(鄧穎超)에게 도움을 청했다. 덩잉차오는 "상하이에서 지하공작자 생활할 때 치파오를 입고 나갈 때마다 창피해 죽는 줄 알았다. 뾰족한 신발 신고 계단을 내려오다가 굴러떨어진 적도 있었다"며 부인들을 진정시켰다.

신중국 초기에 군대에서 차출한 장군 출신 대사들의 평균 연령은 41세였다. 초대 북한대사 니즈량(倪志亮)이 49세로 제일 많았고 불가리아 대사 차오샹런(曹祥仁)은 35세로 제일 어렸다. 초대 주소대사 왕자샹(王稼祥)은 여권 없이 모스크바로 부임했다. 만드는 것을 미처 생각 못했는지 아니면 놓고 갔는지 여부는 밝혀지지 않았다.

참고문헌

丁中江, 北洋軍閥史話(1-4), 商務印書館(北京), 2012.

沈雲龍, 民國史事與人物, 中國大百科出版社, 2013.

包天笑, 金+川影樓回憶錄, 山西古籍出版社, 1999.

王家聲, 黎明前後, 世界知識出版社, 2014.

朱華祥, 華文出版社, 2012.

壽韶峰, 宋美齡全紀錄(上中下), 華文出版社, 2009.

紀念陳雲同志誕辰100周年展覽圖集編委會, 學習出版社, 2005.

愛新覺羅·浩, 流浪王妃, 南粤出版社, 1986.

四野戰史編寫組, 中國人民解放軍第四野戰軍戰史, 人民出版社, 2007.

戴常樂 外, 第四野戰軍, 國防大學出版社, 1996.

呂明輝, 朝鮮支援東北解放戰爭紀實, 白山出版社, 2013.

中共河南省委, 朱理治文集, 中共黨史出版社, 1900.

秦鳳, 1904-1948 歲月東北, 廣西師範大學出版社, 2007.

蘇同炳, 歷史廣角鏡, 臺灣商務印書館, 1996.

愛新覺羅·溥儀, 我的前半生(全本), 群衆出版社, 2007.

汪文風, 從童懷周到審江青, 中國青年出版社, 2012.

李德生, 李德生回憶錄, 人民出版社, 2012.

周明, 歷史在這里深思(1-6), 北岳文藝出版社, 1989.

新華月報社編, 中華人民共和國大事記(1949-2004), 人民出版社, 2004.

李智舜, 毛澤東與十大元帥, 中共中央黨校出版社, 1994.

中國人民大學歷史學院編, 尚鉞先生, 中國人民大學出版社, 2011.

徐向前, 歷史的回顧, 解放軍出版社, 1987.

熊向暉, 歷史的注脚(回憶毛澤東,周恩來及四老師), 中共中央黨校出版社, 1995.

聶榮臻, 聶榮臻回憶錄, 解放軍出版社, 1987.

薄一波, 若干重代決策與事件的回顧, 中共黨史出版社, 2008.

王年一, 大動亂的年代, 河南人民出版社, 1988.

林韋 外, 四人幫批判, 中國社會科學出版社, 1983.

江波·黎青, 林彪195年以后, 四川人民出版社, 1993.

熊華源 外, 林彪反革命集團覆滅紀實, 中央文獻出版社, 1995.

馮建輝, 走出個人崇拜, 河南人民出版社, 2001.

孫一先, 在大漠那邊, 中國青年出版社, 2001.

于弓, 林彪事件眞相, 中國廣播電視出版社, 1988.

邵一海, 林彪9·13事件始末, 四川文藝出版社, 1996.

林青山, 林彪傳, 知識出版社, 1988.

林雨星, 林彪全傳(上中下), 遠方出版社, 2000.

何力, 林彪家族紀事, 光明日報出版社, 1989.

汪幸福, 林氏三兄弟, 新華出版社, 1995.

焦燁, 葉群之迷(一個秘書眼中的葉群和林彪), 中國文聯出版公司, 1993.

張雲生, 毛家灣紀實, 春秋出版社, 1988.

胡哲峰 外, 毛澤東與林彪, 廣西人民出版社, 1998.

天華, 毛澤東與林彪, 西藏人民出版社, 1998.

葉永烈, 陳伯達傳, 人民日報出版社, 1999.

李天民, 林彪評傳, 明報月刊出版社, 1978.

嗚法憲, 難難歲月(嗚法憲回憶錄), 香港北星出版社, 2006.

陳曉農, 陳伯達最後口述回憶, 陽光環球出版香港有限公司, 2005.

孟昭瑞, 共和國震撼瞬間, 人民文學出版社, 2012.

丁衛, 從鴨綠江到三八線, 解放軍出版社, 2010.

衛水山, 芸窓筆記, 中華書局, 2004.

孟廣利 沈麗榮 等, 老新聞(民國舊事), 天津人民出版社, 1998.

何林何, 民國初年廣東的士紳與商人, 廣西師範大學出版社, 2012.

韓文寧 編, 話說民國, 鳳凰出版傳媒集團, 2008.

伍修權, 伍修權回憶錄, 中國青年出版社, 2009

蕭勁光, 蕭勁光回憶錄, 當代中國出版社, 2013.

崑崟, 父親杜平, 上海文藝出版社, 2008.

杜平, 杜平回憶錄, 解放軍出版社, 2008.

黃克誠傳編輯委員會, 黃克誠傳, 2012.

齊紅深 編, 流亡(抗戰時期東北流亡學生口述), 大象出版社, 2008.

胡卓然 趙雲峰, 魂兮歸來, 山東畫報出版社, 2012.

于紹雄, 東北抗日聯軍將領傳, 黑龍江人民出版社, 2009.

舒雲 整理, 林豆豆口述, 明鏡出版社, 2012.

顧保枚, 毛澤東最後七年風雨路, 人民文學出版社, 2011.

汪東興, 毛澤東與林彪反革命集團的鬪爭, 當代中國出版社, 1977.

薄一波著作編寫組編, 領袖元帥與戰友, 中央文獻出版社, 2008.

鳴思, 親歷記, 山西人民出版社, 2010.

毛澤東與武漢編委會, 毛澤東與武漢, 武漢出版社, 1993.

晉察冀文藝研究會, 華北解放戰爭, 遼寧人民出版社, 1993.

邱豊, 鏡裏波瀾30年, 呂相友, 人民出版社, 2007.

劉彩雲, 非常人物尋常時, 人民出版社, 2007.

劉麗峰, 最後的傳奇, 人民出版社, 2007.

張淩雲, 風雲際會觀山河, 人民出版社, 2007.

卜慶功, 夢開始的地方, 人民出版社, 2007.

王雁 劉麗麗, 飛向自有的一粒沙, 人民出版社, 2007.

黃煜華, 爲勝利寫眞, 人民出版社, 2007.

文史資料選輯(合訂本 1-40), 中國文史出版社, 1986.

巴蜀情(鄧小平與四川), 四川美術出版社, 1994.

劉鳳翰, 黃埔北伐, 中國大百科全書出版社, 2010.

中國革命博物館編, 黃埔軍校史圖册, 廣東人民出版社, 1993.

李金明, 黃埔對決, 湖北人民出版社, 2008.

王曉華 張慶軍, 黃埔恩怨, 中共黨史出版社, 2008.

陳宇, 中國黃埔軍校, 2007.

段連城 古進, 大陸滄桑, 新天地出版社, 1990.

張正隆, 中國1946(毛澤東的命, 蔣介石的運與林彪的算), 白山出版社, 2014.

葉曙明, 中國一九二七, 花城出版社, 2010.

文史精華編輯部, 文史精華典藏版(1-10), 河北人民出版社, 2010.

作家文摘編, 作家文摘20周年珍藏本(1-5), 現代出版社, 2013.

李健 編著, 中南海咏嘆錄(上 下), 北京師範大學出版社, 1992.

張寧, 塵劫, 明報出版社, 1997.

葉健君 程波 王龍彪, 毛澤東與林彪, 東方出版社, 2013.

馮治軍, 林彪與毛澤東, 皇福圖書, 1990.

정기간행물

看歷史(成都)·舊聞新知(長春)·傳記文學(臺北)·作家文摘(北京)·民族文汇(烏魯木齊)·小說月報(天津)·大衆文摘(西安)·舊聞讀者(宜昌)·鳳凰週刊(香港)·明報月

刊(香港)·南方人物周刊(廣州)·南都周刊(廣州)·中國故事(武漢)·中國新聞周刊(北京)·環球人物(北京)·三聯生活周刊(北京)·國家人文歷史(北京)·文史參考(北京)·中外書摘(上海)·文化縱橫(北京)·中華傳奇(武漢)·博客天下(銀川)·百年潮(北京)·炎黃春秋(北京)·名人傳記(鄭州)·同舟共進(廣州).

영상자료

文化大革命的風雲人物, 美安國際企業有限公司, 臺北.

蔣介石之中原大戰, 沙鷗國際多媒體有限公司, 臺北.

新中國外交, 九州音像出版公司, 深圳.

僞滿洲國揭秘, 九州音像出版公司, 深圳.

民國疑案, 九州音像出版公司, 深圳.

林彪與死因之迷, 長春電影制片廠銀聲音像出版社, 長春.

七千人大會, 九州音像出版公司, 深圳.

西安事變, 九州音像出版公司, 深圳.

世紀宋美齡, 公共電視文化事業基金會, 臺北.